Franz Schubert
Mit meinen heißen Tränen

Ein Film von Fritz Lehner

Fotos: Gabriela Brandenstein
Kommentare: Theophil Antonicek und Gerald Szyszkowitz

EDITION WIEN

ISBN 3-85058-002-4

Graphische Gestaltung: Harry Betke
Satz: Quick Print, Groß-Enzersdorf
Repro: Schönwälder, Wien
Druck: Ueberreuter, Korneuburg

und ihr sind fast alle eingegangen. Du hast Glück gehabt. Aber jetzt bist auch schon krank.

Josefa hört dem Gespräch zu.

Vielleicht ist das Blut schuld, und nicht die Liebe.

Schubert sieht Josefa an.
Anna richtet sich auf.

Selchwurst hab ich, oder willst lieber Graupen?

SCHUBERT
Der Arzt hat gesagt, daß ich wieder gesund werden kann.

ANNA *(zweifelnd)*
Ja?

Schubert steht auf.

SCHUBERT
Wenn ich viel Bewegung mach, viel frische Luft.

Schubert sucht in seinem Rock, zieht ein Fläschchen hervor.

Und das. Eine ganz neue Medizin.

Schubert holt seine Taschenuhr aus der Hose, liest die Uhrzeit ab.
Anna ist inzwischen zu ihrer Kochstelle gegangen, um für Schubert Essen herzurichten.

ANNA
Ich mach dir die Wurst.
Fleisch ist gesund.

OFF
Im Schulhaus ist es still geworden.

Während Schubert aus dem Krug Wasser in ein Glas füllt, um seine Medizin zu nehmen, geht Anna in den angrenzenden Raum.

OFF / VOM ANDEREN RAUM
Die Wohnungstür wird geöffnet.

Schubert schaut durch den Spalt der angelehnten Tür in den anderen Raum hinaus und zieht sich sofort wieder zurück.

VATER / *OFF*
Geh!

JOSEFA / *OFF*
Ja, Herr Vater.

Josefa, in ein Leintuch gehüllt, kommt in das Zimmer zu Schubert herein. Sie setzt sich auf die Holzkiste neben dem Ofen, der fürs Kochen eingeheizt ist und die Hochsommerhitze noch steigert.

VATER / *OFF*
Mach die Tür zu!

Josefa springt folgsam von ihrem Sitz und schließt leise die Tür.
Schubert konnte gerade noch sehen, wie sein Vater Annas Rock hochschob.
Josefa setzt sich wieder auf die Holzkiste.

In dem fensterlosen Raum ist es ruhig, kaum daß die Fuhrwerke zu hören sind.

Schubert setzt sich Josefa gegenüber. Er hält noch immer seine Arznei in der Hand. Obwohl er als Kind oft genug bei diesen Bemühungen seines Vaters um eine große Familie hinausgeschickt worden war, kann er seine Verlegenheit, mit seiner kleinen Halbschwester Josefa von Angesicht zu Angesicht, nicht verbergen.
Die beiden sehen einander an, als wollte ein jeder die geheimen und verborgenen Gedanken des anderen lesen, sind selbst aber bemüht, von den eigenen nichts zu verraten.

OFF / VOM ANGRENZENDEN ZIMMER
Mehr ahn- als hörbar die eheliche Liebe.

Für Schubert scheinen die Geräusche aus dem angrenzenden Zimmer unerträglich laut zu werden.

MUSIK
Sinfonie in h-moll

Schubert steht auf und wendet sich von Josefa ab, um sich ihrem Anblick zu entziehen. Josefa rutscht von der Holzkiste, tritt an ihn heran und greift nach seiner Hand, als wollte sie ihn trösten.

OFF / VOM ANGRENZENDEN RAUM
Ein kurzes, aber lautes, auch die Musik übertönendes Aufschreien Annas. Ende der Musik.

Dieser Aufschrei ihrer Mutter wirkt auf Josefa wie ein Signal. Sie geht zur Tür, legt ihre Hand auf die Türschnalle, wartet noch. Schubert wird die Hitze in dem abgestickten Raum unerträglich.

ANNA / *OFF / VOM ANDEREN RAUM*
Josefa!

Josefa drückt die Türschnalle und geht zu ihrer Mutter. Schubert will ihr nachfolgen, zögert aber noch.

OFF / VOM ANDEREN RAUM
Die Wohnungstür zum Gang wird geöffnet, und fällt wieder ins Schloß. Der Vater Schuberts hat die Wohnung verlassen.

Schubert betritt den Raum. Anna streift ihre Kleidung zurecht. Die kleine Josefa zieht sich an.

15. Bild: Wohnung im Schulhaus des Vaters *Innen / Tag*

ANNA
Vor dir muß ich mich ja genieren.

Sie hilft Josefa beim Anziehen.

Er ist noch immer der mährische Bauer. Je mehr Kinder, umso besser. Ab einem Dutzend ist man reich, dann gilt man etwas. Auf dem Land vielleicht, aber hier in der Stadt? Willst du nie Kinder haben?

Schuberts Reaktion sagt ihr, Unbedachtes geredet zu haben. Sie verbessert sich.

Du wolltest doch ohnehin nie welche haben.

SCHUBERT
Wenn die Mutter noch leben tät, wär alles ganz anders.

Anna hört mit ihrer Arbeit auf.

OFF / VOM KLASSENZIMMER
Der Unterricht wird fortgesetzt.

SCHUBERT
Nicht einmal das Trauerjahr hat er abwarten können.

ANNA
Red nicht so daher. Du weißt, wie mich sowas peinigt. Hätte ich deinen Vater denn nicht heiraten sollen?

(zu Josefa):
Los. Lauf!
Die Tochter eines Schulmeisters muß die Gescheiteste in der Klasse sein, hörst du!

Josefa packt ihre Sachen und läuft aus der Wohnung.

OFF / VOM GANG
Das Trippeln Josefas, das Öffnen und Schließen der Klassenzimmertür.

Auch Schubert macht sich zum Gehen bereit.

SCHUBERT
Ich werd jetzt hinübergehn.

ANNA
Er wird dich davonjagen.

Schubert ist schon an der Tür zum Gang. Anna folgt ihm nach.

(liebevoll)
Gwachsen bist nicht, aber ein so großer Dalk bist du.

Mit großer, durchaus nicht mütterlicher Zärtlichkeit gibt sie ihm, der einen halben Kopf kleiner ist als sie, einen Kuß auf die Stirn, auf die Wange und dann auf den Mund. Im gleichen Augenblick wird sie sich der Gefahr bewußt, und wischt mit dem Handrücken einigemale über ihre Lippen, um die unaussprechliche Krankheit loszuwerden. Schubert will zur Tür hinaus. Anna hält ihn fest. Sie weiß nicht, wie sie diese Verletzung wieder gutmachen kann. Schubert schiebt ihre Hand beiseite und öffnet die Tür zum Gang.

16. Bild: Klassenzimmer — Innen / Tag

VIVACE

Josefa ist eines von den rund siebzig Kindern, die in der Hitze dieses Vormittags in dem kleinen Raum zusammengepfercht sind. Nur der Platz um den Katheder des Lehrers, Schuberts

Vater, bietet etwas Bewegungsfreiheit. Sogar nahe beim Pianoforte sitzen Kinder.
Schubert tritt ein. Trotz der langmähnigen Perücke, die Schubert wie einen Nazarener aussehen läßt, erkennt ihn sein Vater sofort. Aber der Blick zu seinem Sohn dauert nur einen Augenblick. Schuberts Vater wendet sich wieder seinem Buch zu. Die Kinder wissen nicht, ob sie aufstehen und grüßen sollen, oder sitzenbleiben, weil ihr Lehrer so tut, als hätte niemand die Klasse betreten.
Schubert geht ein paar Schritte auf ihn zu.

SCHUBERT
Ich müßt mit Ihnen reden, Herr Vater.

Schuberts Vater rührt sich nicht. Die Kinder sind noch stiller geworden. Sie sitzen so dicht beieinander, daß man nur Leiber und Gesichter sieht. Viele von ihnen sind von dunklerer Hautfarbe.

Herr Vater, ich würde Eure Hilfe brauchen.

Schubert steht verlassen da. Sein Vater blättert in seinem Buch.

Ich würde mit Euch reden wollen.

Darauf klappt er das Buch zu und steht auf. Ohne zu seinem Sohn auch nur ein einziges Mal herzusehen, geht er zur Fensterwand. Die Flügel sind weit geöffnet, draußen flimmert die Luft. Die Kinder verstehen nicht, worum es geht und was hier geschieht. Sie schauen abwechselnd zu Schubert und dann wieder zu ihrem Lehrer.
Man konnte nicht sehen, woher der

Vater Schuberts den Stock genommen hat, den er plötzlich wie eine angeborene Verlängerung in seiner Hand hält. Er tippt damit einen der Knirpse an, der sofort aufsteht und erstarrt. Schuberts Vater zeigt mit dem Stock auf einen Baum vorm Fenster, dessen Blätter sich durch die aufsteigende, erwärmte Luft bewegen.

Der Kleine ist sichtbar erleichtert.

DER KLEINE SCHÜLER
A Lindnbam.

Sein Lehrer tut so, als habe er sich verhört. Der Bub verbessert sich.

Ein Lindnbam.

Ein kleines Mädchen, springt auf.

DIE KLEINE SCHÜLERIN
Baum. Lindnbaum.

Schuberts Vater strahlt Zufriedenheit und Güte aus. Sein Sohn steht immer noch da. Schuberts Vater geht einmal an ihm vorbei und dann bleibt er vor ihm stehen.

SCHUBERT
Ich tät sehr gern mit euch reden wollen, Herr Vater.

Jetzt sieht der 60-jährige Vater seinem Sohn in die Augen. Schubert ist nahe daran, dem Blick auszuweichen. Sein Vater hebt den Stock und führt in langsam zu Schuberts Kopf, als wollte er die Stelle für einen Schlag genauestens anvisieren. Einigen Schülern, die den Stock kennen, verziehen in der Vorstellung des Schmerzes die Gesichter. Mit einem kurzen Ruck des Stocks schleudert der alte Schubert seinem Sohn die Perücke vom Kopf, die auf einem

Buben landet, der aufschreit, als wäre eine Schlange auf ihn gefallen.

Mit bloßem Kopf steht Franz Schubert da. Einige Kinder sind erschrokken wie vor einem Gespenst und halten sich die Hände vor die Münder, um nicht aufzuschreien. Andere, beherztere, fangen zu lachen an. Das Lachen greift immer mehr um sich, die Ängstlichen schließen sich, vom Schrecken befreit, bereitwillig an. Siebzig Kinder lachen über die Kreatur Franz Schubert. Josefa lacht nicht.

SCHUBERTS VATER
Ruhe!

Die meisten Kinder reagieren schnell und verstummen. Ein paar Unentwegte müssen erst von ihren Nachbarn angestoßen werden. Es ist wiederum vollkommen ruhig geworden.

SCHUBERTS VATER
Weiß einer von euch, wer das ist?

Die Kinder schütteln verneinend die Köpfe. Ein kleiner Bub meldet sich.

DER KLEINE BUB
Der Kaiser!

Schuberts Vater will dazu nichts sagen. Der Bub, auf den die Perücke gefallen war, hält diese noch immer auf seinem Schoß und getraut sich weder zu bewegen, noch dieses Stück vom vermeintlichen Kaiser anzugreifen.

Ein Halbwüchsiger meldet sich.

HALBWÜCHSIGER
Es ist der Herr Lehrer.

Der alte Schubert geht nah an seinen Sohn heran.

SCHUBERTS VATER
(leise) Ja.
SCHUBERT
Bitte, Herr Vater . . . !

Schuberts Vater wendet sich wieder seinen Schülern zu. Aber er spricht so leise, daß ihn nicht einmal die Kinder in den vordersten Reihe verstehen.

SCHUBERTS VATER
(sehr leise, aber die Schüler anredend)
Er war einmal Lehrer – mein Sohn – ein Franz wie ich – Compositeur – immer unterwegs – Wein – Dreckshuren.

Der Alte erregt sich jetzt schweigend immer mehr und schlägt plötzlich mit seinem Stock, den seine weißen, knochigen Finger umklammern, gegen Schuberts Geschlecht, als wollte er es bestrafen und für alle Zeiten vernichten. Die Kinder zucken zusammen, als hätte sie der Schlag getroffen. Schubert sieht seinen Vater mit Schrecken an.

SCHUBERTS VATER
(zu den Schülern)
Neunzehn Kinder sind mir geboren worden. Zehn hat mir Gottvater wieder genommen.

Er geht zu Schubert.

(zu Schubert)
Und dich hat er am Leben gelassen.

Die Verzweiflung von Schuberts Vater ist tief und ehrlich.

SCHUBERT
Ich bitte Sie um Verzeihung, Herr Vater, ich . . .

Schuberts Vater wendet sich ab. Schubert geht ihm nach, um doch noch angehört zu werden. Der Alte bleibt stehen, die Augen hat er geschlossen.

SCHUBERT
Vater bitte . . .

Der Alte dreht sich zu ihm um. Er wirkt ganz ruhig.

SCHUBERTS VATER
Wer hat dir das Violinspielen beigebracht?

SCHUBERT
Sie, Herr Vater . . .

SCHUBERTS VATER *(sarkastisch)*
Und jetzt bist du ein großer Compositeur, – die Zeitungen schreiben über dich, über deine Musik. *(Zu den Kindern:)* Auf dem Klavier ist er auch virtuos.

Schuberts Vater beginnt leise, eine Melodie anzustimmen.

Wir haben viele von deinen Liedern gelernt. Es sind die schönsten Lieder auf der Welt.

Er singt die ersten Takte, und die Kinder wissen schon, welches Lied es ist.

Weil du schon da bist, mach uns die Freud', – niemand kann deine Lieder besser begleiten als du selbst!

Schubert setzt sich von seinem Vater mehr geschoben als freiwillig ans Pianoforte. Die knapp danebensitzenden Kinder schauen Schubert groß und verwirrt an. Schuberts Vater singt die erste Zeile des Liedes vor. Er scheint die Qualen seines Sohnes auszukosten.
Die Hände des großen Compositeurs Franz Schubert zittern. Er schlägt die ersten Tasten an, vergreift sich, muß nochmals beginnen.

LIED
„Morgenlied" (D 685)

Die Kinder müssen das Lied schon oft gesungen haben, weil es gekonnt klingt. Schuberts Vater singt es am lautesten. Sein Sohn Franz entlockt dem Pianoforte einen falschen Ton, dann noch einen und wieder einen. Noch übertönen die Kinder die Dissonanzen, bis auch sie aus dem Rhythmus kommen und die Melodie verlieren. Der Blick des alten Schubert zu seinem Sohn wird wieder strenger. Die Kinder versuchen die Melodie wieder aufzunehmen, ein falsch spielender Schubert bringt sie abermals durcheinander. Die Verzweiflung lähmt seine Hände, bis der Schöpfer des Liedes nur noch dasitzt, wie einer, der noch nie in seinem Leben Klavier gespielt hat.
Endlich können die Kinder und der Vater Schuberts das wunderschöne Lied mit hellen Stimmen so singen, wie sie es immer gesungen haben.

17. Bild: In den Innenstadtgassen — Außen / Tag

PRESTO

Im Vergleich zur Vorstadt sind in der Innenstadt die Häuser höher, die Gassen sauberer, und die Menschen besser gekleidet.
Hier drängen sich noch mehr Menschen, hetzen in dem engen Gewinkel ihren Geschäften nach oder prominieren.
Allen macht die unerträgliche Hitze

zu schaffen. Die Fuhrwerker, je nach Charakter, schinden ihre Pferde oder reiben ihnen den Schweiß von den mit Fliegen übersäten braunen und schwarzen Körpern. Schubert erfrischt sich bei einem Stadtbrunnen. Er hat für einen Augenblick die Perücke abgenommen und läßt das Wasser über seinen Kopf rinnen, trinkt und zieht seinen Rock aus. Neben ihm schleppt ein Wasserträger das kostbare Gut vom Springbrunnen in Holzkübeln zu einem Faß, das auf einem Fuhrwerk liegt. Die Pferde, von den Fliegen wahnsinnig gemacht, zerren ununterbrochen am Zaumzeug. Der Mann gießt zwei Kübel über seine Arbeitstiere.
Schubert geht schnellen Schrittes eine von Menschen überfüllte Gasse weiter.
Manchmal bleibt er stehen, um sich nach dem Gesicht einer Frau umzudrehen. Einmal tritt er an ein Mädchen heran, das eine Auslage betrachtet. An ihrem Spiegelbild in der Glasscheibe erkennt er, daß sie nicht die Gesuchte ist. Alle sind in Bewegung, kaum einer der steht, obwohl sich in dieser Gasse Auslage an Auslage reiht. Die Händler haben ihre Waren auch auf die Gasse herausgestellt, sodaß Schubert immer wieder zur Gassenmitte ausweichen muß. Die Schilder über den Geschäften sehen aus, als wären sie von teuer bezahlten Künstlern gemalt worden. Die darauf gezeigten Waren wirken unvergleichlich attraktiver als die ausgestellten vor den Läden. Schubert wird von Passanten angerem-

pelt. Durch die Markisen über den Läden fällt auf ihn abwechselnd gleißendes Sonnenlicht oder harter Schatten. Unter bunten Stoffdächern bekommt sein Gesicht die verschiedensten Farben. Aus einem Haustor taucht plötzlich eine Schaukel auf, die Kinder am oberen Torbalken befestigt haben. Sie machen sich einen Spaß daraus, möglichst weit auf die Gasse hinauszuschwingen, um die Passanten zu erschrecken.
Vor einem anderen Haustor bleibt Schubert stehen. Er hat nicht den Mut, in das Haus zu gehen, aus dem Männer kommen, und hinter dessen Fenstern Frauengesichter wie in einem Aquarium zu sehen sind. Eine der Frauen kommt auf Schubert zu, glaubt einen Unschlüssigen vor sich zu haben.

O-TON
Durch die Entfernung und den Stadtlärm ist nicht zu hören, was die beiden miteinander reden.

Nach dem kurzen Gespräch wendet sich die Frau von Schubert ab, dreht sich aber nochmals um und ruft ihm etwas zu. Dabei beschreibt sie mit ihren Händen bogenartige Gebilde.

18. Bild: Vor einem Gasthaus / Stephansplatz — Außen / Tag

ADAGIO

Die Tische vor dem Gasthaus stehen in ordentlichen Reihen und ragen nicht sehr weit auf den Stephansplatz hinaus.
Schubert sitzt in der Sonne allein an einem Tisch.
Eine Hausfrau spritzt mit einer Gießkanne den Platz vor ihren Fenstern, um den Staub etwas in Zaum zu halten.
Er beobachtet den Eingang eines Hauses, dessen Fenster Rundbögen haben. Er ist unruhig und glaubt die Vorhänge hinter den Fenstern mit seinen Blicken durchdringen zu müssen.
Schubert trinkt sein Glas Wein in einem Zug leer. Die Schatten der vorbeieilenden Menschen fallen auf sein Gesicht. Auf dem Platz bleiben Leute stehen und begreifen nicht, warum es mitten im Sommer, in der ärgsten Hitze des Tages, plötzlich schneit. Einige fangen die zur Erde schwebenden Flocken. Es sind kleine, wollige Federn, die aus einem der Türme des Stephansdoms kommen.
Eltern zeigen ihren Kindern mit ausgestreckten Armen den Raubvogel, der dort seine Beute, wahrscheinlich eine Taube, zerlegt und den aus Sandstein erbauten Turm für einen vor den Menschen sicheren Felsen hält. Die sommerlichen Schneeflokken verschwinden, und die Menschen eilen weiter.
Schubert will gerade seine Medizin nehmen, als er eine Frau aus dem

Haus mit den Rundbogenfenstern kommen sieht. Er richtet sich auf. Die Frau überquert den Platz. Bei ihrem Näherkommen sieht man, daß sie noch sehr jung ist.
Schubert tritt aus der Reihe der Gastgartentische und geht ein Stück auf sie zu. Ihre Schritte werden langsamer, sie lächelt ihn an, glaubt einen neuen Freier vor sich zu haben, bleibt stehen. Schubert tritt an sie heran. Ihr Gesicht ist das eines Engels.
Er steht regungslos vor ihr, starrt sie an. Sie lächelt noch immer.

DAS MÄDCHEN
Gfall ich Ihnen nicht?

Schubert reagiert nicht, bringt kein Wort heraus. Sie wird unsicher, glaubt ihn plötzlich zu erkennen. Als Schubert mit seiner Hand an seine fremden Haare faßt, um ihr ein Stück von seiner Kahlheit zu zeigen, weiß sie Bescheid.
Sie hält dem Blick Schuberts stand. Schubert bemerkt das Zittern ihrer Hände und wie sie es vergeblich versucht zu verbergen. Er sieht wieder in ihre Augen voller Angst. Ihr Gesicht zeigt noch keine Spuren der Krankheit.

DAS MÄDCHEN
Verzeihung.

Die Frau hat leise gesprochen, kaum hörbar im Lärm der Stadt. Sie bleibt stehen, als warte sie auf eine Antwort von Schubert, auf ein Nicken. Dann dreht sie sich unvermittelt um und verschwindet in einer der nächsten Gassen. Einige Männer im Gastgarten hatten sich bewundernd nach ihr umgedreht.

18. Bild: Vor einem Gasthaus / Stephansplatz *Außen / Tag*

Wie aus dem Erdboden gekommen, taucht plötzlich berittene Polizei auf.
Drei Polizisten springen von ihren Pferden, während die anderen sich geschickt ihren Weg im Sattel durch die Tischreihen bahnen.
Ein Gast will eben zu seinem Essen ein paar Schluck braunes Bier trinken, als er merkt, daß die drei Polizisten auf ihn zugehen. Schubert sieht, wie der Mann in den Griff von zwei Polizisten genommen und abgeführt wird.
Die meisten Gäste wirken erleichtert, daß nicht sie es waren, die mitgehen mußten.
Wie in Trance beobachtet Schubert, wie eine Katze auf den Tisch des Verhafteten springt und sich über den noch halbvollen Teller hermacht. Ein Mann vom Nachbartisch verjagt sie und stellt den Teller auf seinen Tisch. Als erstes ißt er das Fleisch.

19. Bild: In und vor der Stephanskirche — Innen / Außen / Tag

PRESTO

Kajetan fährt mit seinem hölzernen Dreirad die Sitzbänke des Kirchenschiffs entlang. Die meisten Gläubigen werfen ein paar Münzen in seine Holzschachtel. Er muß sich beeilen, da jeden Augenblick der Pfarrer aus der Sakristei kommen kann, um mit der Messe zu beginnen. An der Tür

entsteht Unruhe, weil einem Bauern auf der Gasse ein paar Ziegen ausgekommen und in die Kirche hereingelaufen sind, vielleicht weil sie hier Kühle finden wollten. Meßbesucher helfen, die Tiere hinauszutreiben. Kajetan hat gerade noch Zeit, die einträgliche Sitzreihe zu verlassen, als auch schon mit Klingelläuten der Pfarrer und seine Ministranten aus der Sakristei kommen.

Die Orgel beginnt zu spielen.

Kajetan bezieht gerade bei der Kirchentür seinen neuen Standort, wo es durch die Ziegen noch immer ein Durcheinander gibt, als er Schubert unter den Menschen auf der anderen Seite des Platzes entdeckt.

20. Bild: Innenstadtgassen — Außen / Tag

PRESTO

Schubert kommt in eine Gasse, in der das Gedränge weniger dicht ist. Noch hat er Kajetan, der in einigem Abstand hinter ihm ist, nicht bemerkt.
Kajetan treibt sein Rad kräftig an, sodaß er immer näher an Schubert herankommt.
Schubert, ohne sich umzudrehen, nimmt das Geräusch der Holzräder wahr, erkennt es und bleibt stehen.
Kajetan erreicht ihn.
Schubert schaut sich um und beschleunigt seinen Schritt. Dabei

überrennt er fast eine Dame, die einen Mops auf dem Arm trägt.

KAJETAN
Wart!

Schubert geht weiter, kann aber die nächste Gasse nicht überqueren, da Polizei vorbeireitet. Kajetan holt ihn ein.

SCHUBERT
Verschwinden sollst.

Schubert will die Gasse zurückgehen, aus der er eben gekommen ist. Kajetan klammert sich an ihn, Schubert versucht ihn abzuschütteln. Er zieht den Krüppel ein Stück mit sich. Bei der Rangelei droht Kajetans Holzfahrzeug zu kippen. Kajetan bekommt Angst und läßt Schubert los. Schubert überquert die Straße. Kajetan, der sich von seinem Schrekken erholt hat, folgt ihm.

KAJETAN
Ich möchte mit dir ja nur reden.

Kajetan kommt mit seinem Fahrzeug an einer Stelle, wo man vor einem Palais Stroh aufgeschüttet hat, um den Lärm der eisenbereiften Wagenräder zu dämpfen, kaum weiter. Aber auch Schubert ist nicht schneller geworden. Man sieht, daß er jetzt nur noch so schnell geht, daß der Krüppel hinter ihm mithalten kann, ohne es aber merken zu lassen. An einer Hausecke wartet er sogar einen Moment, bis Kajetan wieder auftaucht. Ein Fleischhauer nimmt mit zwei Gehilfen auf der Gasse vor seinem Laden eine Kuh aus, die kopfüber an einem Holzgerüst hängt. Ein paar Buben, die vom Fleischergehilfen die Augen des Tieres bekommen

haben, versuchen diese mit den nackten Füßen wie Nüsse aufzutreten. Aber die Augen rollen immer wieder davon.
Kajetan hat Schubert beinahe eingeholt. Schubert ist mehr außer Atem, als Kajetan. In diesem Augenblick sieht Schubert eine Möglichkeit, Kajetan seine Überlegenheit zu zeigen.

21. Bild: Steinstiege **Außen / Tag**

ADAGIO

Zwei Frauen steigen die steile Steinstiege hinauf. Auf ihren Köpfen balancieren sie Wasserschaffeln. Oben am Ende der Stiege wird Schubert sichtbar. Ohne besondere Eile kommt er herunter. Kajetan folgt ihm bis zur Stiege. Dort ist sein Weg zuende. Schubert dreht sich um und schaut zu Kajetan hinauf. Wenn es auch ein bescheidener Triumph über einen Schwächeren ist, einen Menschen hat er heute wenigstens besiegt.
Schubert dreht sich um, als wäre dieser Mensch auf dem Dreirad da oben für ihn erledigt. Aber so ganz einfach weggehen will er doch nicht. Er macht sich vor, sich nicht entscheiden zu können, in welche Richtung er will.
Kajetan schiebt sich auf seinem Fahrzeug bis an die äußerste Möglichkeit

der Stiege. Schubert merkt davon nichts. Erst als Kajetan die erste Steinstufe herunterbalanciert, wird er durch das Geräusch aufmerksam und dreht sich um. Kajetan kommt ihm Stufe für Stufe entgegen. Seine Oberarme fangen unter der Anstrengung zu zittern an. Das Dreirad droht wegzurollen. Schubert schaut mit angehaltenem Atem zu, überlegend, ob er nicht vielleicht doch hinauflaufen soll, um ein Unglück zu vermeiden. Ein kleines Mädchen steigt mühsam die Stiege hinauf, ebenfalls Stufe für Stufe, und verschüttet bei jedem Schritt kostbares Wasser aus dem für sie viel zu schweren Holzkübel.
Ihr ist die Angst vor der Strafe, wenn sie mit halbleerem Kübel nach Hause kommt, ins schmale Gesicht geschrieben.
Die zwei Menschen, die auf der Steinstiege wie ums Überleben kämpfen, begegnen einander, ohne sich zu beachten. Das verschüttete Wasser verdunstet auf dem heißen Stein sofort. Kajetan ist schon bei der Hälfte der Stiege.

22. Bild: In Schobers Kutsche / Gasse **Innen / Außen / Tag**

PRESTO

Franz von Schober, mit 27 Jahren um ein Jahr älter als Schubert, macht seinem Ruf als Lebemann alle Ehre: am

unerträglich heißen Tag trinkt er schweren Rotwein aus einem Glas, was fast unmöglich ist, weil die Kutsche sosehr schaukelt. Aber es gelingt ihm sogar, ein weiteres Glas aus der dickwandigen Flasche nachzuschenken. Im gegenüber sitzt ein auffallend blasses, schmales, fast durchsichtiges Mädchen, das aussieht wie ein Wesen von einem anderen Stern. Schober führt ihm das Glas zum Mund, Wein wird verschüttet. Das Wesen trinkt teilnahmslos.
Schober wird auf etwas aufmerksam. Es ist Schubert, der auf Kajetan starrt, wie er ihm die Stiege herunter näher und näher kommt.

23. Bild: Steinstiege — Außen / Tag

ANDANTE

Kajetan schafft auch noch die letzten Stufen ohne Sturz.
Schubert ist anzumerken, wie sehr er ihn bewundert.

SCHOBER / *OFF / VON DER KUTSCHE*
Franz!

Schubert dreht sich um und sieht seinen Freund Schober, der ihm von der Kutsche aus zuwinkt. Er läßt Kajetan, mit dem gerade jetzt so etwas wie eine Freundschaft beginnen hätte können, zurück und geht zur Kutsche. Schober steigt aus.

SCHOBER
Schubert wieder unter den Lebenden! Du schaust zum Verlieben schön aus.

Schubert umarmt Schober. Kajetan kommt langsam heran.

Das ist doch nicht dein neuer Freund?

Mit einer wegwerfenden Bewegung steigt Schubert in die Kutsche, deren Tür ihm Schober einladend aufhält. Das Fahrzeug setzt sich in Bewegung. Kajetan fährt vor das Gespann, die Pferde bleiben jäh stehen. Der Kutscher treibt sie an, eines bäumt sich auf, will nicht auf Kajetan treten. Kajetan weicht aus, gerät beinahe unter die Räder einer anderen Kutsche und versucht sich an der von Schober festzuhalten.

24. Bild: In Schobers Kutsche — Innen / Außen / Tag

ALLEGRO

Die Kutsche wird schneller. Schubert hat den Vorfall mit Kajetan beobachtet, tut so, als ginge ihn das alles nichts an.

SCHUBERT
Hättst schon kommen können, mich abholen. Hast aber wahrscheinlich noch geschlafen.

Schober lacht ihn an.

SCHOBER
Mit meiner Perücke siehst du ganz melancholisch aus.

SCHUBERT
Wo fahrn mir hin?

SCHOBER
Zum Schwind. Das wird ein Fest, wenn die dich sehen.

SCHUBERT
Wer ist denn da?

SCHOBER
Der Spaun, der Bauernfeld, Leitner, jede Menge zarter Dinger …

SCHUBERT
(seine Krankheit meinend)
Und die wissen es alle?

SCHOBER
Aber doch überhaupt keine Red. Dem Bauernfeld hab ich's sagen müssen, weil der mich so sekkiert hat.

Schubert schaut zu dem Mädchen, das sich aber für ihn nicht interessiert.

Komm trink.

Schober schenkt Schubert ein Glas ein.

Und der Vogl hats auch irgendwo erfahren. So eine Gschicht laßt sich nicht so leicht verstecken.

Schubert trinkt, um von der ungarischen Kostbarkeit nicht zuviel zu verschütten, das Glas in einem Zug leer.

Und jetzt habens ihren Zorn auf mich.
Ich kann mich nicht erinnern, wie die deine ausgschaut hat.
Es war halt ein Pech. Genausogut hätts mich erwischen können.

Schober will die Stimmung wieder in

Schwung bringen. Er versucht es mit einem Scherz.

Jetzt brauchen mir wenigstens keine Angst mehr haben, daß uns dich irgend ein heiratsnarrisches Frauenzimmer wegschnappt. Jetzt ghörst der Kunst.

Schubert lacht dazu und schaut wieder zu dem Mädchen, das ihm als Zuhörerin so nah gegenübersitzend doch unangenehm ist. Schober bemerkt es.

Um die Karolin brauchst dir keine Sorgen zu machen. Erstens ist sie jetzt meine große Liebe, und dann hat sie auch schon der Tod in den Händen. Bei ihr ist es halt die Schwindsucht. So sind mir alle fürs Sterben eingerichtet.
Mit ihrer Zukunft hat sie sich abgefunden, und ihre Frau Mutter ist froh, daß sie jetzt doch noch das Leben kennenlernt. Und ich profitier halt wie immer am meisten, weil man zur Lust noch die Melancholie spürt.

Schubert hat Karoline die ganze Zeit angesehen. Sie scheint Schobers rüder Ton nicht zu stören. Ihre Teilnahmslosigkeit ist einer Lebenslust gewichen. Sie hängt sich an Schober.

SCHUBERT
Und ich? Hast mich jetzt auch lieber?

Schober zieht Schubert zu sich. Die Perücke verrutscht. Karoline legt ihren Arm um beide. Die Weinflasche fällt zu Boden und beginnt auszulaufen.

MUSIK
Aus dem Klavierquintett in A-Dur (Forellenquintett)
(D 667)

25. Bild: Gasse mit Schobers Kutsche — Außen / Tag

ALLEGRO

Die Kutsche Schobers wird von einem Ochsengespann behindert. Mit Mühe gelingt es dem Kutscher, an dem vollbeladenen Wagen vorbeizukommen. Es ist zu sehen, daß sich an die Kutsche Kajetan mit seinem hölzernem Dreirad angehängt hat. Er muß sich festhalten, um bei schneller werdendem Tempo nicht das Gleichgewicht zu verlieren.

Musik weiter.

26. Bild: In der Kutsche Schobers — Innen / Außen / Tag

ALLEGRO

Musik weiter.

SCHOBER
Franz, du wirst berühmt. Die Verleger werden sich endlich die Füß ausreißen um deine Kompositionen, wenn sie erfahren, was du für ein Kerl bist. Was ist dein verehrter Beethoven gegen dich. Hat er eine interessante Krankheit??
Taub ist er.

Schubert kann das Lachen über seine Tragödie nicht zurückhalten. Sie kommen vorm Mondscheinhaus an, in dem der Maler Moritz von Schwind mit seiner Mutter lebt. Schober steigt aus und hilft Karoline aus der Kutsche. Schubert folgt.

Ende der Musik.

27. Bild: Vorm Mondscheinhaus — Außen / Tag

ALLEGRO

Schober, er trägt sehr enge Beinkleider, kann seinen Blick von zwei verhüllten Moslemfrauen nicht losreißen, die sich zwischen Mondscheinhaus und Kutsche durchzwängen.
Er bezahlt den Kutscher.
Schober sieht als erster Kajetan.

SCHOBER
Auf jeden Fall ist er treu, dein Freund.

Die Kutsche fährt los. Jetzt sieht auch Schubert den Krüppel auf dem Dreirad.
Ein Windstoß wirbelt Staub auf.

28. Bild: Schwindien / Garten — Außen / Tag

ALLEGRO

Die Wohnung der Familie Schwind im Mondscheinhaus, genannt Schwindien, hat alle Attribute der Romantik. Hier herrscht eine ganz andere Welt als draußen in den engen Gassen. Von den schweren, lärmenden Fuhrwerken ist nichts zu hören und durch die zahllosen Pflanzen und Gewächse scheint die Stadt nicht mehr vorhanden zu sein. Die Hitze allerdings kommt auch bis hierher. Zwei Hunde liegen hechelnd im Schatten exotischer Bäume. Der Garten dient als verlängerte Wohnstube: etwa ein Dutzend junger Leute, Freunde von Moritz von

Schwind, lagern hier, essen, lesen. Jetzt aber sind sie ganz von dem Kajetan fasziniert. Sie werfen ihm Geldstücke zu und er fängt sie geschickt mit dem Mund auf. Man applaudiert jedesmals und ist froh, zur Abwechslung ein unterhaltsames Spielzeug gefunden zu haben. Kajetans Mund scheint unendlich viel Platz zu haben. Die amüsierte Gesellschaft wirft die Geldstücke in immer höheren Bögen Kajetan zu, der sie trotz seiner kaputten Beine geschickt wie ein Zauberkünstler auffängt. Den Eindruck der romantischen Welt verstärken auch die vielen Glaskugeln auf Holzstangen, die das Sonnenlicht wie Flitter im Garten von Schwindien verteilen. Eine andere, viel größere Glaskugel, dient als Aquarium.

29. Bild: Schwindien / Salon — Innen / Tag

VIVACE

OFF / VOM GARTEN
Immer wieder Applaus für Kajetan.

Schubert und Schober sind von ihren Freunden umringt.
Moritz von Schwind, Maler, 19 Jahre alt, ein schöner, ephebenhafter Jüngling, mit einer unschuldigen, schwärmerischen Ausstrahlung.
Joseph Edler von Spaun, mit 35 der älteste in der Runde, ist hier der Ruhepol, ein ausgeglichener, besonnener Beamter.

Eduard von Bauernfeld ist 21 Jahre alt, Schriftsteller.
Johann Leitner, 25, ist Sohn eines reichen Advokaten.

SCHUBERT
Also, fragts mich schon, warum ich so einen schönen Kopfputz hab. Vor lauter Neugier könnts ihr ja nicht einmal mehr ruhig stehen.

Nur Bauernfeld kennt die Wahrheit.

SCHOBER
Ihr werds es nicht erraten. Der Franz ist ab sofort nicht nur Kompositeur, sondern auch ein richtiger Schauspieler. Es ist zwar nicht das Kärntnertortheater, aber die meisten haben einmal in der Vorstadt anfangen müssen. Unsereins muß nach Breslau, damit einem das Spielen erlaubt wird, und um ihn reißen sich jetzt alle Vorstadtdirektoren.

Bauernfeld, Spaun und Schwind schweigen.

SCHWIND
Hast dich deswegen so lang nicht anschauen lassen bei uns?

Schober merkt, daß man der plumpen Ausrede nicht glaubt.

SCHOBER
An einer Oper schreibt er wieder. Nicht wahr Franz?

Schubert nickt.
Bauernfeld geht weg und zündet sich mit einem Feuerschwamm seine Pfeife wieder an. Die anderen zeigen mit ihrem Schweigen, daß sie das alles nicht glauben.

SCHUBERT
Ihr glaubts doch nicht, daß ich nie eine Oper zusammenbring? Nur weil es bisher nicht geklappt hat?

Bauernfeld, der abseits von der Runde auf einem Sofa sitzt, meldet sich.

BAUERNFELD
Wärs nicht gscheiter, wennst uns die Wahrheit sagen tätst?

Schubert schweigt.

SPAUN
(versucht einen Spaß)
Ist er am End im Gfängnis gwesen?

Vom Garten aus entdeckt eines der Mädchen durch die Glastür Schubert. Sie kommt herein.

MÄDCHEN
Herr Schubert! Eine Mode ist das. Man erkennt Sie ja kaum. Alle warten wir schon auf Sie, daß wieder spieln.

Sie zieht Schubert mit sich in den Garten hinaus.

30. Bild: Schwindien / Garten — Außen / Innen / Tag

PRESTO

Schubert wird stürmisch willkommen geheißen. Man drängt ihn zum Klavier, das hier unter einem Sonnendach nahe der Glastür steht. Schubert schaut zu seinen Freunden, die im Salon auf Schober einreden. Kajetan zählt seine Münzen.

SCHUBERT
Laßts mich doch bitte. Bei dieser Hitze kann man ja nicht einmal anständig denken.

MÄDCHEN
Sie sollen ja eh nur spielen. Hoffentlich habens recht viel neue Walzer.

Schwind, Spaun, Leitner und Bauernfeld schauen zu Schubert her. Er weicht ihren Blicken aus. Kajetan hat an Reiz verloren. Die Gesellschaft räumt Sessel und Liegen weg, um genug Platz zum Tanzen zu haben.
Schubert sieht, wie Leitner seine Grußhand angeekelt an einem Vorhang abwischt. Schwind kommt an die Glastür heran und bleibt knapp dahinter stehen. Die Schlieren des Glases verzerren sein schönes Gesicht zu einer Grimasse. Schubert zwingt sich, nicht hinzuschauen. Er beginnt zu spielen.

MUSIK
„Letzte Walzer" (D 146)

Ein Aufschrei der Begeisterung von den jungen Leuten, nachdem sie die ersten Takte gehört haben. Schubert spielt, ohne mit seinen Gedanken dabei zu sein. Als wäre das Klavierspiel ein Lockruf für ihn gewesen, taucht der Pfau auf, den man im Mondscheinhaus als Aufputz hält. Die Leute beginnen zu tanzen.
Schubert schaut zu Schwind und es scheint ihm, als sei sein Gesicht noch fratzenhafter geworden. Er spielt mechanisch weiter. Die Kamera ändert in einer Fahrt ihre Position, sodaß sie Schwind ohne das handgegossene Glas dazwischen sieht. Schwind sieht schön aus wie immer, und man kann seinem Gesicht eine maßlose Zuneigung zu dem Menschen, der da im Garten Walzer spielt, ablesen.

Schubert spielt verbissen weiter, vergräbt sich förmlich im Klavier. Er merkt nicht, daß Spaun in den Garten kommt.
Er wartet auf das Ende eines Walzers und applaudiert wie alle. Schubert kommt dieser Applaus wie ein Hohn vor.

SPAUN
Liebe Freunde.

Man wendet sich ihm zu. Auch Schubert. Man würde lieber weitertanzen.

Es gibt Augenblicke im Leben, in denen es nicht angebracht ist, zu schweigen.

Schuberts Angst steigert sich.

Und daran ist der Franz schuld.

Schubert bekommt einen roten Kopf.

Wie wars denn vor einer Viertelstund? Melancholisch warn mir, und die Stimmung war miserabel. Dann ist er gekommen, hat ein paar Takte gespielt, und schon lachen alle, wie wenn eine zweite Sonn aufgegangen wär.
Man kann nicht sagen, daß ihm die Natur eine große Figur mitgegeben hat. Aber von uns allen ist er das größte Glück, das wir so gar nicht recht verdienen.

Mit dieser Wendung hat Schubert nicht gerechnet.

Zum End: nutzn mir ihn aus, den Franz, daß er recht fleißig spielt, denn er schreibt jetzt an einer Oper, und wer weiß, wann er dann wieder Zeit hat für uns.

Spaun applaudiert Schubert zu.
Man bejubelt ihn. Spaun kommt zu Schubert und umarmt ihn, der ihm kaum bis zur Brust reicht.

SPAUN
(leise zu Schubert)
Kasper, hast glaubt, daß wir dich im Stich lassen wegen so einer dummen Gschicht. Hätt sogar unsereinem passieren können.

Schwind bringt Schubert ein Glas Wein.

31. Bild: Schwindien / Salon — Innen / Außen / Tag

PRESTO

VOM GARTEN
„Letzte Walzer"

Schober tanzt mit Karoline im Salon, während alle anderen draußen im Garten tanzen.

32. Bild: Schwindien / Garten — Außen / Innen / Tag

PRESTO

Schubert zieht im Spielen seinen warmen Rock aus. Die Leute tanzen ausgelassen. Den beiden großen Hunden ist der Trubel zuviel geworden, sie haben sich ins Haus zurückgezogen.
Kajetan scheint die anderen nicht zu beneiden, daß sie im Gegensatz zu ihm tanzen können. Er ißt hastig aus einer Schüssel.

Schubert stürzt ein Glas Wein in einem Zug hinunter. Seine Augen haben einen leichten Glanz. Zwischen den Blättern der Bäume sind erste Gewitterwolken zu sehen.
Schubert spielt ohne Übergänge. Er hat noch nicht einmal den letzten Walzer beendet, als er schon den neuen anklingen läßt. Die Tanzenden quittieren es mit Aufschreien und werfen ihm Handküsse zu. Schober hat im Salon den ganzen Platz für sich und Karoline. Spaun schenkt Schuberts leeres Glas randvoll, sodaß es auf dem zitterndem Klavier überschwappt. Schwind skizziert Kajetan, der angefangen hat, sich übers Obst herzumachen. Der Pfau schaut den Tanzenden zu und wiegt durch diese Bewegung seinen Kopf im Walzertakt. Ein junger Mann flüstert seinem Mädchen etwas ins Ohr, worauf sie sich nach Schubert umdreht. Dabei kommt sie aus dem Takt. Alle sind erhitzt und begrüßen es als ein Geschenk des Himmels, als sich endlich Wolken vor die Sonne schieben. Schubert geht ganz in seiner Musik auf. Er ist vollendetes Glück. Er nickt dem tanzenden Mädchen zu, das schon einigemale zu ihm hergeschaut hat. Es weicht seinem Blick schnell aus.

33. Bild: Schwindien / Salon — Innen / Außen / Tag

ANDANTE

VOM GARTEN
Schuberts Walzer

Schober muß Karoline mehr stützen als führen. Die Krankheit setzt ihr zu. Sie umklammert mit wachsender Leidenschaft Schober, der den Tanz langsamer werden lassen will. Sie aber treibt ihn weiter.
Einer der Hunde probiert den Wein.

34. Bild: Schwindien / Garten — Außen / Innen / Tag

PRESTO

Kajetan ist satt.
Schubert ist schweißgebadet. Er leert ein Glas und macht dabei eine Pause von wenigen Augenblicken. Sofort kommt von den Tanzenden ein Gebrüll der Enttäuschung. Er spielt weiter.
Ein sehr modisch gekleideter junger Mann tanzt knapp an ihn heran und ruft ihm zu:

JUNGER MANN
Wie heißt sie denn, die Oper?

Schubert kann nicht antworten, so schnell ist der junge Mann mit seiner Partnerin zu den anderen zurückgetanzt.
Obwohl es erst früher Nachmittag ist, sieht es schon aus, wie am Abend, sosehr verdunkeln die Gewitterwolken das Licht. Die Schwalben fliegen wild nach den Insekten und oft nur ganz knapp an einem Gesicht vorbei.

BAUERNFELD
Auf unseren Franzl, von dem jetzt keiner mehr sagen kann, daß ihm die Frauen einerlei sind.

Schubert lacht dazu.
Jemand erkundigt sich bei seinem Nachbarn, was Bauernfeld damit gemeint habe. Er bekommt eine Antwort, die ihn überascht zu Schubert herblicken läßt. Schubert fällt nicht auf, daß sich auch andere etwas zuflüstern.

35. Bild: Schwindien / Salon — Innen / Außen/ Tag

ANDANTE

VOM GARTEN
Schuberts Walzer

Karoline hängt erschöpft an Schober. Sie versucht ihn zu küssen.
Schober bekommt in einer der unregelmäßigen Tanzdrehungen Schubert zu sehen. Dann läßt er sich mit Karoline zu Boden gleiten.

36. Bild: Schwindien / Garten — Außen / Innen / Tag

PRESTO

Kajetan zieht wieder die Aufmerksamkeit auf sich: er geht auf seinen Händen, Kopf nach unten, zwischen

den Tanzenden hindurch. Schubert fällt jetzt auf, daß man ihn ansieht, und dann seinem Blick ausweicht oder ihm ins Gesicht lacht. Er lacht zurück und trinkt ein weiteres Glas.
Durch die Salontür sieht er Schober und Karoline auf dem Boden liegen. Schober küßt Karoline. Als wollte er die beiden nicht stören, schaut Schubert weg.
Ein Mädchen kommt an ihn heran. Schubert hat Mühe, den nächsten Tanz einzuleiten. Das Mädchen berührt ihn kurz und läuft dann wieder zu ihrem Partner zurück. Von den anderen wird ihr Mut mit Bewunderung quittiert.
Zwischen den Tanzenden sieht Schubert einmal kurz das ernste Gesicht Kajetans.
Ein leichter Wind bewegt die Blüten und Blätter der Sträucher, die hier in Töpfen überall stehen.

37. Bild: Schwindien / Salon — Innen / Tag

ADAGIO

Schober zieht Karolines Bluse nach unten, sodaß er ihre weißen Schultern und Oberarme sehen kann.

PRESTISSIMO

Schwind zeichnet Schubert, wie er in sein Klavier hämmert.
Der Pfau versucht gegen die Musik anzuschreien.

Schubert vermeidet es den Tanzenden ins Gesicht zu blicken. Ein Luftstrom öffnet die Glastür zum Salon immer um einen Spalt und läßt sie dann wieder fast zufallen. Dazwischen sieht Schubert Schober, wie er Karoline küßt. Schubert spielt den Walzer in noch schnellerem Tempo. Die Tanzenden sind begeistert.

DREI MÄDCHEN
(im Chor)
Auf die neue Oper!!

Man lacht.
Schubert versucht nicht hinzuhören. Er sieht die Tasten, den hin- und herschwappenden Wein in seinem Glas auf dem Klavier, und dazwischen immer wieder durch den sich verändernden Türspalt das Liebesspiel seines Freundes Schober.

Ein kleines, durch die Hitze ausgetrocknetes Blatt einer Topfpflanze dreht sich in der stärker werdenden Brise schnell wie ein Kreisel. Schubert sieht nur noch Schober und Karoline. Die Salontür öffnet sich immer weiter. Schober schaut zu Schubert her und zieht sein Oberhemd aus. Er nimmt Karoline in seine Arme. Schubert spielt zum Liebesspiel seines Freundes mit immer mehr dem Walzer fremden Klängen, als wollte er der Dritte sein.

Motiv aus dem Quartettsatz Nr. 12 in c-moll (D 703)

Die jungen Leute können diesem Tanz nicht folgen, ihre Beine scheinen durcheinanderzugeraten. Der Pfau schlägt ein immer größer werdendes Rad. Seine Federn zeigen die Pracht ihrer Farben im durch die jetzt vollkommen geschlossene Wolkendecke entstandenen Halbdunkel. Der Vogel tänzelt ein paar Schritte nach vorne, wieder zurück und balanciert sein nun voll entfaltetes Rad im Wind.
Kajetan belustigt die Verwirrung der Tanzenden, die jetzt überhaupt nicht mehr wissen wie sie sich zu Schuberts fast sinfonischen Klavierklängen noch einigermaßen elegant bewegen sollen.
Schubert selbst sieht nur noch Schober, an den sich Karoline klammert. Plötzlich, nach einem schreiendem Glissando, hört Schubert zu spielen auf. Für einen Augenblick ist es bis auf das Gurren des Pfaus vollkommen still. Ein Windstoß schlägt die Gartentür zu, das Glas fällt heraus und zersplittert auf dem Boden. Schubert steht auf, geht zur Tür in den Salon.

OFF
Glas knirscht unter Schuberts Schuhen.

Leitner tritt ihm in den Weg. Er spricht so leise, daß es die anderen nicht hören können, die darüberhinaus sehr mit sich selbst beschäftigt sind.

LEITNER
Am besten ist es, wennst für eine Zeit ganz von Wien weggehst.

Schubert hört ihn nicht, er scheint durch ihn hindurchzusehen. Leitner steckt Schubert Geld zu. Auch das nimmt er kaum wahr. Kajetan hat zugesehen. Schubert betritt den Salon.

EIN MÄDCHEN
Soll halt ein anderer spielen.

39. Bild: Schwindien / Salon **Innen / Tag**

PRESTO

Im Salon ist es noch dunkler. Schubert geht auf das auf dem Boden liegende Paar zu. Karoline sieht Schubert. Schobers Oberkörper ist bereits nackt. Er merkt nicht, daß Schubert neben ihm steht. Karoline löst sich aus Schobers Umarmung. Sie schaut Schubert an. Schubert tritt mit aller Kraft gegen Schober. Schober spürt den Schmerz. Schubert tritt nochmals nach ihm. Schober dreht sich um und sieht, daß er Schubert über sich hat.

OFF / VOM GARTEN
Beginn eines Klavierspiels im aufdringlichen italienischen Stil.

Die jungen Leute im Garten beginnen zu tanzen. Niemand merkt etwas davon, was hier im Salon geschieht. Schubert schlägt seinem Freund Schober ins Gesicht. Schober ist so überrascht, daß er erst den nächsten

Schlag abfängt und Schubert zu Fall bringt. Die beiden Hunde schauen interessiert zu. Karoline rutscht ein Stück weg, um sich in Sicherheit zu bringen. Schober versucht den wild nach ihm schlagenden Schubert, der ihm körperlich durch seine Kleinheit und Korpulenz bei weitem unterlegen ist, zu bändigen. Schubert ist in seinem Haß verstrickt. Es gelingt ihm immer wieder, sich loszureißen und Schober da und dort zu erwischen. Die beiden drehen sich auf dem glatten Boden einigemale im Kreis und sehen aus wie eine Fliege, die mit nur einem Flügel vergeblich wegzufliegen versucht. Die beiden Hunde mischen sich schwanzwedelnd, bellend, und wie auf einem Schlag wieder jung geworden, in den Kampf ein, den sie für Spiel halten.
Endlich gelingt es Schober, seinen Freund so zu Boden zu drücken, daß er sich nicht mehr rühren kann. Beide sind außer Atem.
Schober will seinen Griff lockern, aber Schubert hat nicht vor, aufzugeben. Schober verstärkt seinen Druck wieder. Ein Hund kauert sprungbereit da, gespannt, was jetzt passieren wird, der andere hat Schuberts Perücke als Spielzeug entdeckt. Er jagt sie wie eine Katze durch den Salon. Karoline schaut halbnackt zu. Schober beugt sich zu Schuberts Gesicht herunter.

SCHOBER
Du Sack, grauslicher. Räch dich an der Hur. Und nicht an mir.

Schubert rührt sich nicht.

Leid tuts dir, daß ich mich nicht an-

gsteckt hab. Grad dich hats erwischen müssen. Ich hätts doch verdient?
Oder bist mir die Karoline neid? Geh in Spittelberg, jetzt kann dir ja nichts mehr passieren.

Der eine Hund sitzt vor der leblosen Perücke und ist enttäuscht, daß sie nicht davonläuft.

Sei froh, daß ich dich immer wieder mitgnommen hab, sonst wärst jetzt noch eine Jungfrau.

Schober versucht Schubert wieder loszulassen. Diesmal bleibt Schubert ruhig. Schober steht auf und zieht sein Hemd an.

OFF / VOM GARTEN
Ende der Tanzmusik italienischer Art.

Schubert, ohne Schober oder Karoline anzusehen, rafft sich hoch.

SCHOBER
Eins bitt ich dich noch: zieh nur ja recht schnell aus meinem Zimmer aus.

Schober nimmt Karoline und verschwindet grußlos mit ihr durch den Salon, um das Haus zu verlassen. Schubert sieht seine Perücke beim Hund, will sie nehmen, doch der Hund ist schneller. Er jagt mit ihr davon. Schubert will ihm schon nachfolgen, als der Hund zurückkommt und die Perücke wie einen toten Hasen ihm zu Füssen legt. Schubert hebt sie auf, und während der Hund darauf wartet, daß sie als Apportl geworfen wird, zieht er sie über den Kopf.

OFF / VON DRAUSSEN
Der erste, durch seine Lautstärke

39. Bild: Schwindien / Salon *Innen / Tag*

und sein Volumen alles überwältigende Donner des nun herunterbrechenden Gewitters.

Es platzt auch schon der Regen in großen schweren Tropfen los. Er schlägt durch die kaputte Gartentür in den Salon herein. Die junge Gesellschaft droht bei ihrer Flucht vorm Regen aus dem Garten in den Salon in der Tür steckenzubleiben.

Es folgen weitere Donnerschläge, die im Salon das Universum rundherum spüren lassen.

Der kurze Augenblick des schweren Regens hat die Leute schon durchnäßt, aber man begrüßt die Abkühlung nach der unerträglichen Hitze des Tages.
Schwind, der wie alle anderen von der Auseinandersetzung mit Schober nichts bemerkt hat und auch jetzt nichts von Schuberts Zustand merkt, legt seinen Arm um ihn.

SCHWIND
Ich war auch nicht faul. Ich hab viel zeichnet und gmalt in den letzten Wochen. Komm.

Er zieht Schubert durch die Gesellschaft, die aus der Sicherheit des Salons den Regen genießt, in einen Winkel, öffnet einen Schreibtisch und holt ein paar Blätter heraus.
Schubert, mit den Gedanken gar nicht dabei, schaut sich Schwinds Zeichnungen an.

Und da hab ich ganz was lustiges.

Schwind zeigt ihm andere Blätter.

Ich wollt einmal in die Zukunft schaun. Vorgstellt hab ich mir, wie wir in dreißig, vierzig Jahr ausschaun.

Die Zeichnungen zeigen Schubert,

Schober und Schwind als etwa Sechzigjährige.
Während man in der Runde zum Gewitter ein Gedicht deklamiert, und Schwind wieder Gastgeber spielt, betrachtet Schubert die Zeichnung mit seinem Porträt als alter Mann. Er legt die Zeichnungen zurück, darauf bedacht, daß das Bildnis von Schober nicht auf dem von ihm zu liegen kommt. Die jungen Leute, denen das Betrachten des Gewitters doch nicht kurzweilig genug ist, drängen sich um den Topf mit Punsch, den Schwind bringt.
Schubert wird auf eine Bewegung im Garten aufmerksam, die in der Dichte des Regens kaum zu erkennen ist. Es ist Kajetan, der die Situation ausnützt, und Besteck, eine Jacke und noch anderes an sich nimmt.
Schubert beobachtet, wie der Krüppel flink bei der Gartenmauer das Zeug auf sein Holzfahrzeug packt und es in den Regen hinausschiebt.
Unbemerkt verläßt Schubert den Salon. Er geht an dem durch das Sonnendach kaum geschützten Klavier vorbei, auf dessen glänzendem dunklen Holz das Wasser in kleinen Bächen fließt.
Auch dem Pfau, der seine Federnpracht ganz eingezogen hat, rinnt es über den Kopf.

ANDANTE

In großen Bächen strömt das Regenwasser die Gasse entlang, in der es wie in allen anderen keinen Abfluß gibt, und sucht sich die nächste, abschüssige Häuserzeile. Kajetan durchpflügt mit seinem Dreirad einen See, der sich in dieser kurzen Zeit schon in der Senke am Ende der Gasse vorm Mondscheinhaus gebildet hat. Dabei fällt ein bemaltes Weinglas aus seiner hastig mitgenommenen Beute ins Wasser. Er sucht danach in dem schlammigen und trüben Wasser, das der darauffallende Regen ganz undurchsichtig macht. Trotz seines kräftigen Körpers hat er Mühe, nicht auch noch selbst auszurutschen. Nachdem er das Weinglas gefunden hat und herauszieht, bemerkt er, daß Schubert neben ihm steht. Kajetan richtet sich auf, jederzeit bereit, ihm einen Stoß zu geben und zu fliehen.

SCHUBERT
Wo willst denn hin in dem Regen?

Kajetan versucht gar nicht den Weinbecher – er zeigt ein Bildnis von Kaiser Franz – vor ihm zu verbergen. Kajetan steckt das Weinglas zu den anderen Dingen zurück und schiebt sein Fahrzeug wieder weiter.

Kannst zu mir kommen.
Wo willst denn hin?

KAJETAN
Heim. Und laß mich jetzt.

Ohne sich umzudrehen, läßt er Schubert stehen. Das Wasser rinnt in weiten Bögen von den Dächern. In

einem Haustor drängt sich eine Gruppe von Menschen, die dem Regen entkommen wollen.
An einer Hausecke wäscht der warme Regen halbnackte Kinder. Schubert ist auf der Höhe von Kajetan, der ihn keines Blickes würdigt. Das eigenartige Paar stolpert stumm durch den Regen, der immer kräftiger wird.

41. Bild: Ausfahrtsstrasse — Außen / Tag

VIVACE

Die Luft ist von der reinigenden Wirkung des Regens sehr klar geworden, es wird auch wieder zusehends heller. Die Ausfahrtsstraße führt nach Ungarn und in den Orient.
Die Menschen, Fuhrwerke, Reiter und Rinderherden, die Richtung Stadt ziehen, sind vom Regen durchnäßt. An den Straßenrändern läuft das Wasser ab, eine Wiese ist zu einem Teich geworden, aus dem Grashalme und Sträucher herausschauen. Das hölzerne Fahrzeug Kajetans hat der Regen so aufgeweicht, daß es sich kaum noch schieben läßt. Schubert hilft Kajetan dabei.
Am Straßenrand lagern Einwanderer mit ihrem ganzen Hausrat, den sie Maultieren aufgebunden haben. Ein Bettler am Straßenrand, ohne Beine, bittet die vorbeiziehenden Bauern

um Eßbares, das er von dem einen oder anderen auch bekommt, der sich seines Zustandes erbarmt. Im Vorbeigehen bemerkt Schubert, daß der Mann am Straßenrand seine Beine nur in den Boden eingegraben hat. Für Kajetan ist das nichts Neues.

KAJETAN
Meine zerschossenen Füß sind echt, wennst mich schon so anschaust.

Kajetan und Schubert müssen einem Ziegeltransport ausweichen. Das schwere Fahrzeug droht im aufgeweichten Boden steckenzubleiben. Die Fuhrwerksleute sind mit dem Fahrzeug so beschäftigt, daß sie nicht merken, wie junge Burschen schnell einige Ziegel abladen und wegbringen.

SCHUBERT
Du wirst doch nicht in Ungarn daheim sein?

KAJETAN
Meine Mutter ist Ungarin. Der Vater ein Ruß. Von ihm hab ich den Namen.
Du heißt Franz, hab ich ghört.

SCHUBERT
So wie mein Vater halt.
Und du?

KAJETAN
Kajetan.
Franz möcht ich ums Leben nie heißen.

SCHUBERT
Wegen dem Kaiser?

Kajetan nickt.

Eine Kutsche mit zwei Pferden spritzt die beiden mit Dreck voll. Langsam kommt die Sonne heraus.
Eine berittene Gruppe von Soldaten kommt den beiden entgegen. Kajetan hält an, streckt sein kaputtes Bein weit von sich, sodaß es nicht übersehen werden kann, und salutiert.
Die Soldaten tun, als würden sie die Verhöhnung nicht merken.
Die Ausfahrtsstraße, auf der die Bauern nach Wien ziehen, beginnt nun in der wiederkehrenden Wärme der Sonne zu dampfen.

SCHUBERT
Bei mir war die Mutter aus Mähren. Der Vater auch.

Erst jetzt sieht man – nach der Dunkelheit des Gewitters – wie hoch die Sonne noch am Himmel steht.

42. Bild: Hüttensiedlung an der Donau — Außen / Tag

ANDANTE

Die Hütten sind aus Holz und Sackleinen, mit engen Durchgängen dazwischen, in einer Senke unterhalb der Ausfahrtsstraße, auf der die Zuwanderer versuchen, ihr Vieh, das oft nur aus einer Kuh besteht, auf dem rechten Weg zu halten.
Die Donau ist blau, nur in Ufernähe ziehen sich die Schlieren der vom Regen losgewaschenen Erde ins Wasser.

Schubert und Kajetan tauchen im Hüttenwirrwarr auf. Ein Mistbauer kippt seine Fuhre ab, die er heute in der Stadt gesammelt hat. Die Abfälle kollern den Hang hinunter. Ein Rudel Kinder und ein Rudel Hunde raufen sich um die Knochen. Die Hunde bringen ihre Knochen vor den anderen schnell in Sicherheit, indem sie weglaufen, die Kinder nagen gleich die Fleischreste herunter.

KAJETAN
Du gehörst ja auch zu denen, die ihr Glück im Winkel haben. Ein bescheidenes wenigstens. So bescheiden, wie es bei dir halt auch im Kopf ist.

SCHUBERT
Das sagst, weil ich nicht so viel red.

KAJETAN
Redn tu ich auch nicht viel. Aber denken. Dazu braucht man kein Alphabet, aber auch keinen Walzer. Weil man bei einer Musik nicht mehr denkt. Das ist es auch, was der Metternich und dein Kaiser wollen. Die Leut sollen von der Welt nichts wissen, sonst aber ein gutes Leben haben.
Würstln, Bier – und fest tanzen.
Es ist nur schad, daß einer wie du da mitmacht.

Schubert bleibt stehen. Er kann nicht begreifen, daß Kajetan so von ihm denkt.

SCHUBERT
Aber ich komponier meine Musik doch nicht wegen dem Metternich!

MUSIK
Aus der Sinfonie in h-moll. Wiederholung des Themas vom Beginn des Films und Fortsetzung.

Kajetan wird von einer Schar von Kindern entdeckt. Sie laufen schreiend auf ihn zu und unringen ihn. Von Schubert halten sie respektvollen Abstand. Nur eines, das ihn nicht fürchtet, winkt ihm heimlich zu.

KAJETAN
So und jetzt geh. Da bin ich daheim.

SCHUBERT
Willst, daß ich geh, weil du dich genierst für die Hüttn und alles.

KAJETAN
Daher ghörst nicht.
Siehst nicht, wie mich deinetwegen schon alle aus die Hüttn anschauen?

Schubert sieht sich um. Er kann niemanden entdecken, bis auf ein Gesicht, das aus einem Bretterverschlag hervorlugt.

So wie du ausschaust, haltens dich für einen vom Amt.
Geh besser.

OFF / VON DER AUFFAHRTSSTRASSE
Lautes Schreien, Rindergebrüll.

Schubert undKajetan drehen sich um. Sie sehen, wie es zwischen den Hütten lebendig wird.

Auf der Ausfahrtsstraße ist eine Rinderherde auseinander und ins Toben geraten. Die Viehhalter versuchen die Tiere auf die Straße hinaufzutreiben.

MUSIK
(Sinfonie in h-moll) wird lauter.

Jetzt tauchen doch die Menschen aus ihren Hütten auf, viele Frauen, die schnell ihre Kinder in Sicherheit bringen. Eine Kuh läuft einen der engen Durchgänge zwischen den Hütten entlang, eine andere reißt eine vollbehangene Wäscheschnur um und verstrickt sich in ihr. Die Kinder johlen vor Begeisterung, und aus Hütten kommen Männer, die eben noch geschlafen haben.

OFF / VON DEN DURCHGÄNGEN ZWISCHEN DEN HÜTTEN
Langgedehnte, verzweifelte ungarische Rufe von dem Bauern, der versucht, sein Vieh zusammenzutreiben.

Auch die Kinder des Bauern jagen nach dem Vieh. Ein Mädchen bekommt eine Kuh zu fassen, rutscht aus und fällt unterm Gelächter der Hüttenbewohner in den vom Regen endlosen Morast. Ein älterer Sohn des Bauern fängt ein Kalb mit einer Schlinge, setzt sich blitzschnell rittlings auf das Tier und drückt es zu Boden.
Im Hauptdurchgang zwischen den Hütten laufen plötzlich die Schaulustigen auseinander. Ein Stier kommt im schnellsten und schwersten Stampfen dahergerannt. Der Bauernsohn läßt das Kalb los. Er weicht dem Stier aus, der auf Schubert und Kajetan zukommt. Kajetan läßt sein Dreirad fallen und zieht Schubert in seine Hütte. Der Stier bringt in seinem Lauf den Zubau einer anderen Hütte zum Einsturz und trampelt über Kajetans Dreirad. Dann hetzt er

den Hang zur Ausfahrtsstraße hinauf. Der Sohn des Bauern verfolgt ihn. Die Hüttenbewohner folgen der willkommenen Abwechslung mit großem Vergnügen.

43. Bild: In Kajetans Hütte — Innen / Außen / Tag

ADAGIO

In der Hütte sind einige Frauen, Mädchen, zwei alte Männer. Sie wissen nicht, was sie mehr anstaunen sollen, die wilde Jagd, oder Schubert, der trotz seiner durchnäßten Kleidung hier wie ein feiner Herr aussieht.
Kajetan geht zu seinem Dreirad und hebt das, was davon übrig geblieben ist, auf, und zieht in die Hütte. Im Dreck sucht er nach dem gestohlenen Zeug von Schwindien, in dem auch der Becher mit dem Bildnis von Kaiser Franz liegt. Schubert weiß nicht, was er tun soll. Er nickt grüßend mit dem Kopf. Niemand antwortet ihm. Kajetan kommt in die Hütte.

KAJETAN
Setz dich, wennst schon da bist.

Schubert weiß nicht wohin, setzt sich dann wie die anderen auf den Boden. Kajetans Familie befingert die Mitbringsel aus Schwindien. Nur eine ganz alte Frau kümmert sich nicht darum. Sie macht sich daran, eine

Mitbewohnerin, die Ziege, zu melken. Kajetan nimmt die Kinder nacheinander in den Arm und küßt sie lange. Er spürt Schuberts neidvollen Blick.

OFF / VON DRAUSSEN
Nachdem sich das Geschrei beruhigt hat, kommt das dem Weinen ähnliche Rufen des ungarischen Bauern wieder näher.

Kajetan untersucht sein Dreirad.

SCHUBERT
Was machst jetzt damit?

KAJETAN
Herrichten. Zwei gesunde Hände hab ich ja. Und außerdem ist es gstohlen. Wie alles, was du da siehst.

Ein Knirps, der kaum noch stehen kann, schaut Schubert mit großen, dunklen Augen an.

Hast eine Familie?

Schubert verneint.

Wenigstens eine Frau?

Schubert antwortet nicht.

Jetzt sag nur nicht, daß du eh die Musik hast.

Schubert kann nicht verbergen, daß Kajetan eine seiner wunden Stellen getroffen hat. Er flüchtet mit seinem Blick auf die mißtrauischen Gesichter der Familie.

Sie glauben, daß du ein Spitzel bist. Sie werden kein Wort mit dir reden. Ich bin mir ja auch nicht ganz sicher.

Schubert möchte sich beliebt machen. Er zieht einen durchweichten Schein von Leitners Geld aus seiner Jacke und hält ihn Kajetan hin.

SCHUBERT
Kaufst dir ein neues Rad.

KAJETAN
Machs nicht noch schlimmer. Uns kauft man nicht. Wenn die draußen das viele Geld sehen, schlagens dich tot.

Schubert sieht zum Hütteneingang. Dort hat sich eine Anzahl von Kindern aufgebaut. Sie haben ihre Scheu vor dem Fremden verloren und überbieten sich jetzt gegenseitig, Schubert die verschiedensten Figuren vorzuspielen. Ihr Lachen und ihre witzige Fantasie stecken Schubert an.
Kajetan wird plötzlich auf etwas aufmerksam. Wie aus dem Boden gewachsen steht in der Tür aus Sackleinen eine Kuh. Der Bub, der Schubert eben noch ausdauernd angeschaut hatte und die Kuh nun auch gesehen hat, fällt mit einem Plumps auf seine dreckige Hose.

OFF / VON DRAUSSEN
Die Rufe des seine Kuh suchenden Bauern.

Kajetan richtet sich auf, als hätte er nie ein kaputtes Bein gehabt. Er humpelt vorsichtig um die Kuh nur ja nicht zu erschrecken, auf sie zu, langt langsam mit den Händen nach den Hörnern und zieht sie in die Hütte herein.

OFF / VOM DURCHGANG VOR DER HÜTTE
Die Lockrufe des ungarischen Bauern. Die Kuh heißt Egescha.

Egescha will den vertrauten Lauten antworten. Kajetan hält ihr das speicheltriefende Maul zu. Die Kuh schnaubt. Die alten Männer sind hellwach geworden. Einer geht zum Eingang.

ALTER MANN
(auf Ungarisch)
Verschwind.

Schubert sieht für einen Augenblick das verzweifelte Gesicht des Bauern.

Hast schon genug Schaden angerichtet.

Schubert schaut zu Kajetan.
Kajetan streichelt beruhigend die Kuh. Schubert steht auf. Er sieht aus, als wollte er zur Tür gehen. Mitten in die Stille hinein beginnt der Knirps zu schreien. Schubert bleibt, wo er ist.

TLWS OFF
Der Bauer redet auf den Alten in der Tür ein. Es ist nicht zu verstehen.

Der Alte läßt die Fetzen in der Tür runterfallen und kommt in die Hütte zurück.

OFF / VON DRAUSSEN
Der Bauer entfernt sich.

Der Alte fährt mit seinen mageren Händen über die durch die weite Reise ebenso magere Kuh.
Kajetan zu Schubert:

KAJETAN
Und für dich ist es auch besser, wennst jetzt gehst.

Schubert hält den Geldschein noch immer fest umkrampft in seiner Hand. Er steckt ihn ein. Er begreift, daß er keiner von diesen Leuten ist. Kajetan hat nur noch Augen für die Kuh. Er schaut sich nicht um, während Schubert die Hütte verläßt.

44. Bild: Vorstadtgasse — Außen / Tag

LARGO

Die Sonne am Ende der Gasse steht schon so tief, daß die aus den Häusern ragenden Fensterflügel unendlich lange Schatten zu haben scheinen. Auch der Schatten Schuberts überragt ihn um ein Vielfaches an Länge. In seiner Verzweiflung hat er in der fast menschenleeren Gasse keinen Blick für die Nachtigallen, die ihre Besitzer in Käfigen aus ihren Fenstern herauszuhängen beginnen. Aus einem oberen Stockwerk gießt jemand mit einem kurzen Warnruf Schmutzwasser auf die Gasse.

Das einsame Geräusch des auf dem Kopfsteinpflaster aufklatschenden Wassers.

Schubert verlangsamt seinen Schritt und bleibt schließlich stehen. Er ist unschlüssig, ob er weitergehen soll. Ohne Interesse schaut er einem Mann, der in seinem kleinen ebenerdigen Zimmer nahe beim Fenster ein Buch liest, zu. Der Mann spürt Schuberts Blick, sieht zu ihm auf und klappt dann verängstigt sein Buch zu. Auf der Hausmauer suchen Fliegen die letzten sonnenbeschienenen Flecken, die jetzt immer blasser werden.
Schubert entschließt sich zum Weitergehen.
Es kommt ihm ein alter Mann entgegen, der neben seinem mit Tran beladenen kleinen Leiterwagen einhertrottet. Den Leiterwagen ziehen zwei Hunde.

45. Bild: Vorm Göttweigerhof / Innenstadt — Außen / Nacht

ANDANTE

Hinter Fenstern, meistens durch dünne Vorhänge gedämpft, flackert Kerzenlicht.
Schubert steht vorm Göttweigerhof und versucht zu erkennen, ob hinter einem Fenster in einem oberen Stockwerk Licht und Leben ist. Es ist dunkel und er kann keine Bewegung sehen.
Schubert betritt das Haus. Eine berittene Polizeipatrouille kommt um die Ecke der menschenleeren Gasse.

46. Bild: Schobers Zimmer — Innen / Nacht

LARGO

OFF / VON DER GASSE
Das Hufgeklapper der Polizeipferde wird durch das Echo von den eng beieinanderstehenden Hauswänden vervielfacht. Die Patrouille entfernt sich.

Schober liegt in seinem Bett und schläft, erschöpft von den Anstrengungen dieses Tages. Die helle Sommernacht läßt die Unordnung im Zimmer erkennen. Kleidungsstücke, leere Weinflaschen, langstielige Pfeifen, Geschirr, ein türkischer Hausrock, Notenpapier und Zeitungen liegen durcheinander.

OFF
Schritte kommen zur Wohnungstür heran, die Tür wird leise und vorsichtig geöffnet.

Schober hört den Eintretenden nicht.

Der Eintretende ist in der Tür stehengeblieben. Erst nach einiger Zeit schließt er sie. Seine Schritte sind kaum zu hören.

Die Kamera bleibt auf Schobers Gesicht. Er schläft.

WEITERHIN OFF
Das Ausziehen von Schuhen, einer Jacke. Das Geräusch des Bettes.

OFF / VON DRAUSSEN
Ein entfernter Fiaker. Dann vollkommene Stille.

Schober wacht auf. Er spürt, daß er nicht mehr allein im Zimmer ist. Er lauscht und scheint etwas zu hören. Er richtet sich vorsichtig und langsam auf, um in die Richtung des Fensters zu schauen. Seinem Gesicht ist abzulesen, daß er Schubert in dessen Bett sieht. Leise steht er auf.

OFF/VOM FUSSBODEN
Schober stößt eine Flasche um. Der Inhalt fließt aus.

Schober hebt den türkischen Hausrock auf, zieht ihn an und geht zum Fenster hinüber, unter dem Schuberts Bett steht.
Schubert, das Gesicht verborgen, liegt zusammengekrümmt da. Schober steht neben ihm. Das Fenster ist weit offen. Schober beugt sich zu Schubert hinunter und lauscht. Er greift vorsichtig nach seiner Schulter. Schubert reagiert nicht. Aber es ist zu sehen, wie sein Körper zittert. Schober versucht den lautlos Weinenden zu sich zu drehen, wie ein kleines Kind. Dieses Kind schämt sich, sein Gesicht zu zeigen.

Schober versucht Schubert zu beruhigen.

MUSIK
Sehr leiser Beginn der Sinfonie in h-moll, 2. Satz mehr ahn- als hörbar.

Schober füllt ein Weinglas aus einer offenen Flasche. Er führt Schuberts Hand zum Glas. Schober läßt das Glas vorsichtig los. Schubert hält das Glas in seiner Hand. Der weiße Wein leuchtet im Schein des offenen Fensters. Schubert trinkt einen kleinen Schluck, dann noch einen. Er muß husten. Mit dem Handrücken wischt er seine Augen trocken. Schober schenkt ihm nach. Erst jetzt schaut Schubert Schober einmal kurz an, um dann gleich wieder gekränkt ins Weinglas zu starren. Schober muß einen Augenblick lächeln über Schuberts Unversöhnlichkeit und Trotz.

OFF / VON EINEM DACH
Eine Stadttaube, die im Schlaf das Gleichgewicht auf ihrem Dach verloren hat, macht ein paar aufgeregte Flügelschläge.

Schober verschwindet kurz in der Dunkelheit des Raumes. Schubert schaut ihm unbemerkt nach und nippt am Wein.
Schober kommt zurück und hockt sich zu ihm ans Bett. Er nimmt seine Hand und hält davon einen Finger gegen das Licht vom Fenster.

MUSIK
Die Sinfonie wird deutlich lauter.

Schober führt langsam eine Nadel an Schuberts Finger. Schubert, dessen Augen die Spuren der Tränen zeigen, schaut angespannt zu. Schober sticht mit der Nadel kurz in den Finger und drückt einen Blutstropfen heraus. Er legt die Nadel beiseite. Schober läßt Schuberts Blut in das Glas mit dem weißen Wein tropfen. Die rote Flüssigkeit sinkt auf den Boden des Glases, bildet Wolken und vermengt sich mit dem weißen Wein. Schubert schaut Schober ins Gesicht, diesmal ohne mit dem Blick auszuweichen. Seine Nase ist nicht ganz sauber. Schubert trinkt. Schober nimmt ihm das Glas ab und führt es zu seinem Mund. Die Kamera fährt ganz nah an das Glas heran. Schober trinkt.

47. Bild: Wie eine rote Landschaft — Innen / Nacht

PRESTISSIMO

MUSIK (Fortsetzung)
Sinfonie in h-moll

Die vom Beginn des Films bekannte rote Landschaft, über die die Kamera hinwegschwebt. Die Bewegung, die Farbe und die Musik vermitteln das Gefühl einer Befreiung.

Ende der Musik.

48. Bild: Über den Dächern — Außen / Innen / Morgen

ADAGIO

Das Licht dieses neuen Morgens läßt die Dächer noch röter erscheinen. Viele Ziegel sind durchs Verwittern mürbe geworden.

OFF / VON UNTEN
Vereinzelt und entfernt das Näherkommen der ersten Fuhrwerke, die ihre Waren in die Stadt bringen.

Einzelne Rauchfänge zeigen, daß fürs Kochen eingeheizt wird. Eine Gasse scheint nur aus den spiegelnden Flächen der weitgeöffneten Fenster zu bestehen. Die Kamera zeigt den Göttweigerhof von oben, dann das offene Fenster zu Schobers Zimmer. Schubert ist zu sehen. Er ist bereits angezogen.
Die Kamera nähert sich dem Fenster. Jetzt ist zu erkennen, daß Schober noch schläft.
Schubert packt seine Habseligkeiten in eine Tasche, die auf dem Bett liegt. Bei dichtbeschriebenen Notenblättern überlegt er kurz und gibt sie dann wieder auf den Tisch zurück.
Er bewegt sich leise, um Schobers Schlaf nicht zu stören, sieht sich nochmals um, findet eine Kleinigkeit, die er auch noch mitnimmt, und geht zur Tür. Schober dreht sich im Schlaf zur Seite und zieht das Leintuch über sich. Schubert verläßt das Zimmer. Der Raum wirkt verlassen und leer.

MUSIK
Streichquartettsatz Nr. 12 in c-moll (D 703). Die kühne Musik läßt Schuberts Bereitschaft spüren, für sein Schicksal zu kämpfen.

Die Kamera gleitet an der Außenmauer nach unten, zeigt durch die Fenster andere Menschen, die ihren Tag beginnen und gelangt zur Haustür des Göttweigerhofs. Der Gang hinter der Tür liegt noch im Dunkeln.

48. Bild: Über den Dächern *Außen / Innen / Morgen*

Schubert taucht aus dem dunklen Flur auf und tritt ins Freie. Die morgendliche Wärme verspricht wieder einen heißen Tag. Die Menschen dieser Stadt hetzen an Schubert vorbei, um ihren Geschäften nachzujagen.

ENDE ERSTER TEIL

Im Reiche des Gartens

Herbst 1827

Franz Schubert	Udo Samel
Magdalena	Therese Affolter
Franz von Schober	Daniel Olbrychski
Moritz von Schwind	Gabriel Barylli
Joseph von Spaun	Florentin Groll
Josef Hüttenbrenner	Vitus Zeplichal
Johann Mayrhofer	Wolf-Dietrich Sprenger
Bettina	Charlotte Acklin
Johanna	Dagmar Schwarz
Maria	Sylvia Haider
Lisette	Anette Uhlen
Kathinka	Huberta Haubmann
Gräfin Rieder	Erni Mangold
Die alte Gräfin	Dorothea Neff
Johann Strauß	Christian Altenburger

ALLEGRO

Der Zeiselwagen, ein langer Leiterwagen, der an seinen Ecken Stangen hat, über die ein Dach aus Tuch gespannt ist, wird von zwei Pferden gezogen. Die Seitenteile sind hinaufgebunden, sodaß auf dieser Fahrt die 17 Teilnehmer an dieser Landpartie gute Sicht nach allen Richtungen haben.
Es sind da Franz Schubert und seine engsten Freunde, Franz von Schober, Moritz von Schwind, Eduard von Bauernfeld, Joseph von Spaun, Josef Hüttenbrenner, der Sänger Michael Vogl und der Zensor Johann Mayrhofer, einige deren Frauen oder Geliebte, zwei Mädchen ohne Anhang und Magdalena.
Magdalena, etwas über dreißig, ist eine der attraktivsten Frauen auf dem Zeiselwagen, der in flottem Tempo über die holprige Sandstraße auf den großen Wald zufährt.
Schubert hat vor einigen Monaten seinen 30. Geburtstag gefeiert, Schwind ist mit 23 der Jüngste, der Sänger Vogl mit fast 60 der Älteste in der Runde.
Die Gesellschaft, als wollte sie ihre Jugend auferstehen lassen, ist ausgelassen wie eine Schar nicht zu bändigender Kinder. Und das Wetter an diesem Tag könnte für eine Landpartie nicht schöner sein.
Magdalena scheint noch zu niemanden zu gehören, weil sie auf dem Zeiselwagen ständig ihren Platz wechselt, um neben den verschiedenen Männern auf einer der beiden Holzbänke zu sitzen, dabei aber so tut, als ginge es ihr um den Ausblick.

1. Bild: Auf dem Zeiselwagen / Weg zum Wald *Außen / Tag*

Man ist vollbepackt mit Picknickkörben und Flaschen, die jetzt am Beginn der Landpartie schon ihre Runde machen.
Schubert hat eine Gitarre bei sich, eines der Mädchen einen kleinen Käfig mit einem Eichkätzchen, der unterm weißen Stoffdach des Zeiselwagens hin- und herpendelt. Spaun läßt sich von der Ausgelassenheit nicht anstecken, er blättert in einem Buch mit Zeichnungen von Menschen, die die Kunst des Schwimmens beherrschen. Die Schubertianer stört es auch nicht, daß Spaziergänger immer wieder verschreckt dem Wagen ausweichen und zornig über soviel Ungezogenheit schimpfen.
Schubert wirkt wie einer, der heute die Welt aus den Angeln heben will. Schwind hat während der Fahrt einen Apfel von einem Baum gepfückt. Er schenkt ihn dem Mädchen neben sich. Die Holprigkeit des Weges gibt den Frauen und Männern immer wieder Gelegenheit, einander scheinbar ungewollt zu berühren. Einer, der daran weniger interessiert ist, beginnt seinen Picknickkorb zu plündern. Magdalena sitzt nun neben Schober. Es sieht aus, als wäre er der Erwählte für den heutigen Tag. Der Wagen fährt die staubige Straße entlang und an einem Bauernhof vorbei, wo es Schober gelingt, eines der auffliegenden Hühner zu fangen. Alle sind gleichzeitig bemüht, ihre Tierliebe an diesem einen Huhn zu zeigen. Der Wagen nähert sich dem Wald.

VIVACE

In dem Augenblick, in dem der Zeiselwagen mit seiner temperamentvollen Gesellschaft die Grenze zum Wald überfährt, ist er in einer anderen Welt. Der Staub fliegt nicht mehr so hoch, weil der Boden feuchter ist, und der Klang der Stimmen und der des Wagens hat sich verändert. Eine Zeitlang sind die Schubertianer still, um die Natur zu bewundern.

OFF / VON DER STRASSE ZUM WALD
Näherkommen eines blechernen Geräuschs.

Man dreht sich um und entdeckt einen einachsigen Zweisitzer mit einem Pferd. Der Lenker ist jung, und man sieht ihm sofort an, daß er genug Geld hat, um ein Leben mit viel Freizeit verbringen zu können.
Neben ihm sitzt eine Frau, die sich an der schnellen Fahrt ihres Freundes begeistert.
Jetzt wird auch klar, woher der Lärm kommt: es ist ein an den Zweisitzer angebundener Blechtopf, der von den Unebenheiten der Waldstraße hin- und hergeschleudert wird.
Der zweisitzige Wagen ist nun auf gleicher Höhe mit dem Zeiselwagen. Schober, reicht dem parallel fahrenden Mädchen eine Weinflasche hinüber, die das Mädchen bereitwillig annimmt. Dem Lenker des Zweisitzers gefällt das weniger. Er bringt sein Fahrzeug auf die Höhe des Zeiselwagenkutschers, unentschlossen, ob er ihm den Weg abschneiden und ihn in die Wiese drängen, oder ob

er ihn zu einem Wettkampf fordern soll. Die beiden Lenker messen einander mit Verachtung ab. Der Kutscher der Schubertianer nimmt das vage Angebot zu einer schnellen Fahrt an und gibt seinen zwei Pferden die Peitsche. Der schwere Zeiselwagen beschleunigt. Durch das höhere Tempo des Zweisitzers wird der Lärm vom Blechtopf lauter und die Gesellschaft muß sich im Zeiselwagen mit allen Händen festhalten. Man beginnt Geschwindigkeit zu erleben.

Schreien der Leute, anfeuernde Rufe, Peitschenhiebe.

Spaziergänger bringen sich in Sicherheit, einem wird von Bauernfeld der Hut vom vorbeijagenden Zeiselwagen aus abgenommen.
Der junge Mann im Zweisitzer hat keine Mühe, das Tempo des ständig schneller werdenden Zeiselwagens zu halten. Seine Absicht ist es auch nicht, einen leichten Sieg zu demonstrieren, sondern den Kutscher zum Äußersten und damit vielleicht zu einem Unfall zu provozieren. So hat der junge Mann auch keine Gelegenheit, zu sehen, wie sein Mädchen die Hand zu Schober hinüberreicht, der sie in der rasend schnellen Fahrt, die durch den abschüssigen Weg auch immer schneller wird, ergreift und sie wie die einer Geliebten umklammert. Ein größeres Schlagloch würde genügen, um einen von den beiden vom Wagen zu reißen. Die Gesichter zeigen Freude und Lust an der Gefahr. Auch Spaun hat aufgehört, in dem Buch übers Schwimmen zu lesen. Er

ist vollauf damit beschäftigt, sich im Wagen festzuhalten. Die wilde Fahrt ist auch höchst willkommen als Anlaß für gegenseitige Berührungen, die oft ein kräftiges Aneinanderdrücken sind. Schober bemerkt, wie eine Frau, die Schubert an ihrer Hüfte berührt, sich dieser Annäherung entzieht. Schubert bekommt einen roten Kopf, weil bei ihm nicht funktioniert, was allen anderen gelingt.
Die Erschütterungen des Zeiselwagens, dessen Kutscher mehr und mehr Ehrgeiz für einen aussichtslosen Kampf entwickelt, haben die seitlichen Planen gelöst, sodaß nun eine nach der anderen herunterfällt und die Sicht nach außen nehmen. Der Fahrtwind ist stärker geworden. Die Haare der Frauen fliegen und die Menschen glauben zu fliegen.
Schober hält immer noch waghalsig die Hand des Mädchens vom Zweisitzer, was die Damen auf dem Zeiselwagen neidisch und unruhig macht.
Magdalena sieht Schober an und dann zu Schubert, der aber ihren Blick nicht merkt.
Die Picknickkörbe rollen umher. Einer wird geöffnet, und zeigt ein Durcheinander von Soßen, Obst und Fleisch. Schwind versucht vergeblich aufzustehen, um einen Trinkspruch auf das Ende der Welt zu halten. Der Blechtopf am Zweisitzer wird baumhoch in die Luft geschleudert, und kommt nur zum Wegboden zurück, um abermals einen Schlag zu bekommen. Beide Kutscher peitschen ihre Pferde. Jetzt, wo die Schwerkraft auf dem abschüssigen Waldweg hilft, ist

der Lenker des Zweisitzers nicht mehr so siegessicher und er muß sich anstrengen, überhaupt mithalten zu können.
Die Augen des einem Sieg nahen Zeiselkutschers scheinen vor Erregung aus den Höhlen zu kommen, und seine Pferde gegen das eine des Zweisitzers den gleichen Ehrgeiz zu entwickeln wie er.
Der Käfig des Eichkätzchens wird am Deckenbalken des Zeiselwagens herumgeschleudert. Eine Flasche wird verloren, sie zersplittert. Der Rotwein dringt in den Sandboden.
Schober versucht das Mädchen vom Zweisitzer zu sich herüberzuziehen, um ihm einen Kuß zu geben.
Dabei behindert ihn die Plane, die sich zusehends nun auch auf seiner Seite von den Befestigungsbändern löst und wie ein Vorhang zuzuklappen droht.
Die Schubertianer, von denen nun doch einige Angst bekommen, drängen sich auf die von den Planen geschlossenen Seiten, weil ihnen dort nicht die Äste wie Peitschen ins Gesicht schlagen. Ein Mädchen hat sich auf den Boden des Zeiselwagens gelegt, und bekommt von diesem harte Schläge.
Schubert, Schwind und Bauernfeld, wie ein Knäuel zusammengerollt, schreien ihre Lebens- und Todeslust in den Wald, der nur noch aus dem Lärm der wilden Jagd besteht. Mayrhofer hantiert seit einiger Zeit mit einem Handfeuerwerkskörper, den er schon einigemale anzuzünden versucht hat. Der Fahrtwind entfacht

zwar die Glut am Schwamm, bringt aber die Flamme an der Lunte immer wieder zum Erlöschen. Endlich brennt sie. Mayrhofer hält den Handpuffer mit gestreckter Hand von sich. Die Rakete zischt los und alle versuchen irgendetwas von ihrer Explosion mitzubekommen. Sie aber detoniert weit hinter ihnen, deren Fahrt sich noch immer beschleunigt, und füllt einen Sternenhagel in allen, allerdings gegen das Tageslicht blassen Farben in den blauen Himmel.
In einer Kranfahrt steigt die Kamera langsam hoch, ein zweiter Feuerwerkskörper versprüht sich rauchend unter ihr. Der Zeiselwagen sieht von oben wie ein dahinfliegendes Leintuch aus. Von oben ist auch schon im Chlorophyllmeer des Waldes die Holzbrücke zu sehen, die über eine Schlucht führt. Ein ganzer Picknickkorb fällt aus dem Wagen, dessen Inhalt weit über die Sandstraße dahinrollt. Das Eichkätzchen krallt sich an den Stäben des herumpendelnden Käfigs fest, und die Menschen, die sich an den seitlichen Leitern des Zeiselwagens festhalten, sehen auch nicht anders aus.
Die Begleiterin des nun rasend gewordenen Mannes im Zweisitzer will sich nun ganz in die Hände Schobers begeben. Sie hält mit ihren Händen die von Schober fest und macht ihren Körper leicht, als könnte sie dann in den Zeiselwagen herüberfliegen. Die immer mehr herabgleitende Seitenplane behindert Schobers Sicht zusehends. Als wollte er sich lieber alle Knochen brechen, als sein Ansehen als Draufgänger riskieren, greift Schober weithinausgelehnt nach dem Oberkörper des Mädchens und zieht es mit größter Kraftanstrengung zu sich herüber. Das Mädchen verliert einen Schuh, der in der größer werdenden Entfernung bald nur noch ein Punkt auf der Sandstraße ist. Schober balanciert das Mädchen in den Zeiselwagen. Es ist so begeistert von Schober, daß es gleich in seiner Umarmung landet. Sein bisheriger Begleiter im Zweisitzer hat das Kunststück mitverfolgt und sehr wohl gemerkt, daß er das vom Zaum gebrochene Wagenrennen vielleicht gewinnen kann, seine Freundin aber fürs nächste verloren hat.
In der Entfernung beginnt die Brücke erkennbar zu werden. Die Schubertianer sehen überhaupt nicht mehr nach draußen, sie sind von den weißen Planen umgeben. Ein Mädchen beginnt aus Angst zu schreien, die mutigen Männer lachen über sie und feuern durch das Tuch hindurch den für sie unsichtbaren Kutscher zu noch größerem Tempo an, als wäre man bereit, mitten im Vergnügen zu sterben.
Im von den Planen umhüllten Zeiselwagen sieht es durch die vorbeifliegende Sonne und durch die vielfältigsten Herbstfarben des Waldes aus, als würde die Welt rundum brennen.

OFF / VON DRAUSSEN
Der Lärm des Blechtopfs am Zweisitzer entfernt sich.

Die Schubertianer merken am sich entfernenden Lärm, daß der Zweisitzer zurückfällt. Sogar die ehemalige

Begleiterin des Herausforderers bricht in Jubel aus. Schober ist durch seine Mutprobe, die er eben bestanden hat, noch größer geworden, ganz im Gegenteil zum ohnehin kleinen Franz Schubert, der unbeachtet und ungewürdigt auf dem Wagenboden mehr liegt als sitzt. Durch einen Spalt, den eine im Fahrtwind wehende Plane macht, muß er mitansehen, wie der Boden unter ihm hinwegfliegt.
Von oben zeigt die Kamera, daß sich der Zeiselwagen der Brücke nähert, und der Zweisitzer gewendet hat und im Trab heimwärts fährt. Der Kutscher des Zeiselwagens verlangsamt die Fahrt und beruhigt seine klatschnassen, nervös herumtänzelnden Pferde. Im verhangenen Zeiselwagen ist denen, die am lautesten ihren Mut gezeigt haben, anzumerken, wie froh sie sind, alles gut überstanden zu haben. Man ordnet sich, die Kleider, die Paarungen, wischt Picknickspeisen von den Schuhen und Angstschweiß von der Stirn.
Bei einer Frau sind deren Miederhaken ausgerissen, ihr Kavalier hilft, sie behelfsmäßig in Ordnung zu bringen.
Der Zeiselwagen fährt im gemäßigten Tempo an die Holzbrücke heran.
Schubert freut sich, daß seine Gitarre keinen Schaden genommen hat, er schlägt ein paar Akkorde an.

OFF / VON DRAUSSEN
Die Räder des Zeiselwagens auf der Holzbrücke

Das Geräusch der Räder klingt auf den Bohlen der Holzbrücke wie ein nahes Gewitter. Das Mädchen aus

2. Bild: Auf dem Zeiselwagen / Im Wald *Außen / Tag*

dem besiegten Zweisitzer merkt erst jetzt, daß es seinen Schuh verloren hat und sucht ihn, außer sich geraten, im Wagen. Schober kann nicht übersehen, daß dieser jungen Frau im Augenblick wenigstens der Schuh noch wichtiger ist als er, und beruhigt sie. Sie aber will eigentlich nur noch den Zeiselwagen verlassen und schiebt die Plane beiseite. Die junge Frau schließt sie schnell wieder. Nun merken nach einem kurzen Blick auch die anderen die schier endlose Tiefe unter der Brücke und unter dem Zeiselwagen. Zwischen den Wänden der Schlucht fließt ein klarer Bach. Man sitzt bewegungslos da, als würde man sonst schon im nächsten Augenblick von der Brücke stürzen. Der Kutscher achtet nicht weiter auf die ängstlich sicheren Halt suchenden Pferde. Die Befriedigung des Sieges über eine dieser jungen und unverdient reichen Rotznasen ist seinem Gesicht abzulesen.

OFF / VON UNTEN
Das Rauschen des Baches ist auf der Mitte der Brücke am lautesten zu hören.

Der Wagen erreicht endlich das andere Ufer.
Erleichtert schlägt man die Planen hinauf und bindet sie fest. Durchs Hellerwerden scheint im Zeiselwagen die Sonne aufzugehen. Man atmet die frische Herbstluft ein. Das Mädchen hofft noch immer, seinen Schuh im Wagen zu finden.
Vor dem Zeiselwagen fährt ein Plachenwagen, der mit Hausrat und Waren behangen ist.

Der Kutscher des Zeiselwagens setzt, da es keine Überlegenheit mehr zu beweisen gilt, zum gemächlichen Überholen an.
Aus dem Plachenwagen schauen Zigeunergesichter, auf dem Kutschbock sitzen zwei junge Männer. Ihre Haut ist unvergleichlich dunkler als die der städtischen Schubertianer. Man fährt nebeneinander her und beobachtet sich mißtrauisch. Schober, als hätte er Angst, daß ihm nun dasselbe Schicksal wie dem Mann mit dem Zweisitzer passiert, zieht das Mädchen, das nun endlich die Suche nach dem Schuh aufgegeben hat, eng an sich.
Schubert spielt eine Zigeunermelodie auf der Gitarre. Seine Gesellschaft lacht. Die beiden jungen Zigeuner verstehen die Verhöhnung. Einer sieht Schubert in die Augen, als wollte er ihn fragen, warum er das mache, da er ihm doch nichts getan habe. Der Zeiselwagen überholt den Zigeunerwagen und läßt ihn hinter sich. Die Frauen, noch immer von den beiden jungen Zigeunern fasziniert, wenden sich wieder ihren weißen Freunden zu.
Vor den Schubertianern liegt der Weg in die Tiefe des endlosen Waldes.

ALLEGRO

Man rastet und gibt sich der Natur hin. Schober sitzt bei Schubert.

SCHOBER *(leise)*
Sei nicht so spröd, Franz. Wir werden nicht jünger. Keiner hat soviel über die Liebe komponiert, und dann traust dich nicht.

SCHUBERT
Ich bin halt nicht so fesch wie du.

VOGL
Spiel uns was vor, Schober. Dann sehn wir, was du in Breslau glernt hast.

Schober geht auf den Vorschlag gern ein, um seine Schauspielkunst zu zeigen und weiterhin Mittelpunkt zu bleiben.
Er stellt pantomimisch einen Baum im Wind dar. Er bringt seinen Körper voll zur Geltung. Man sitzt um ihn herum und bestaunt seine Eleganz. Der Mann, der schon im Zeiselwagen seinen Picknickkorb geplündert hat, macht sich nun über die der anderen her.
Das Mädchen ohne linken Schuh sitzt auf einem Baumstrunk und bewundert die Vielgestaltigkeit ihres Eroberers.
Schwind hat seine Staffelei aufgestellt, um zu prüfen, ob sie nach der schnellen Fahrt noch in Ordnung ist. Der Zeiselwagenkutscher entwirrt im Hintergrund das durcheinandergeratene Zaumzeug. Die Pferde grasen auf der Lichtung. Eine vierköpfige Polizeistreife reitet an ihnen vorbei.

Ein paar Spaziergänger bleiben stehen, um Schober als Baum zu bestaunen, und ein anscheinend reicher Herr läßt sich von zwei Bediensteten durch den Wald tragen.

Mayrhofer hat seinen Arm um Schubert gelegt, Schubert raucht eine lange Pfeife. Eine Dame reitet langsam über die Lichtung. Sie sitzt in einem bankähnlichen Sattel.

Schober beendet seine Vorstellung und bekommt großen Beifall. Schubert macht sich von Mayrhofers Umarmung frei.

Auf der Waldstraße taucht der Zigeunerwagen von vorhin auf. Die vier berittenen Polizisten kommen zwischen den Bäumen den Waldhang herunter und halten ihn an.

Magdalena genießt es, daß die Männer ihre Nähe suchen. Sie sieht abermals zu Schubert, der diesmal ihren Blick bemerkt, Sie lächelt ihm zu, er aber schaut verlegen weg. Schober ist dieser kleine Vorfall nicht entgangen.
Im Hintergund durchsuchen die Polizisten den Zigeunerwagen. Bauernfeld befestigt ein Tuch als Fahne an einem langen Ast.
Im gleichen Augenblick kommt es zwischen den Polizisten und einem der jungen Zigeuner zu einem Handgemenge. Ein Polizist nimmt sein Gewehr ab und legt an, kann aber nicht schießen, da er die anderen Uniformierten treffen würde. Der

3. Bild: Waldlichtung *Außen / Tag*

Zigeuner reißt sich los. Es ist der junge Mann, den Schubert vom Zeiselwagen aus mit einer Zigeunermelodie zu provozieren versucht hatte. Der Zigeuner hetzt in den Wald, der Polizist legt abermals an, schießt und verfehlt. Die Polizisten darunter ein Offizier, klettern auf die Pferde und nehmen die Verfolgung auf.
Die Schubertianer sehen mit an, wie die Berittenen den Flüchtigen zwischen den Bäumen jagen. Der Zigeuner versucht durch Hakenschlagen den schnellen Pferden zu entkommen, aber immer wieder schneidet ein Polizist den Fluchtweg ab. Der Offizier droht mit dem Pferd zu stürzen, nachdem er, weil es sich zwischen den Bäumen zu langsam umdrehte, voller Zorn mit aller Kraft an dem Zügel gerissen hatte. Es sieht aus, als könnte der Zigeuner die Strecke bis ins Dickicht schaffen. Das wollen die Polizisten auf jeden Fall verhindern und versuchen deshalb, sich ihm in den Weg zu stellen.
Der Kutscher des Zeiselwagens kommt in kurzen Schritten angsterfüllt zu der Gesellschaft.

ZEISELWAGENKUTSCHER
Herr von Schober, mich brauchens eh nicht mehr gell.

Schober gibt ihm ein Zeichen, daß er verschwinden soll. Aber der Kutscher wartet. Schober versteht und bezahlt ihn. Als würde er selbst gejagt, läuft der Kutscher zu seinem Zeiselwagen.
Der Zigeuner ist schneller als seine Verfolger und schafft es, im Dickicht zu verschwinden.

Ein Polizist schießt einigemale in das Gewirr von Ästen und Bäumen. Die Kugeln zerfetzen ein paar Blätter.
Der Offizier gibt seinen Leuten den Befehl, dem Zigeuner nachzufolgen. Die drei Berittenen zwingen ihre Pferde mit den Sporen ins Gestrüpp. Das Dickicht beginnt lebendig zu werden. Immer wieder sieht man kurz das Aufblitzen eines Polizistenhelms im Strauchwerk. Vögel fliegen auf und kreisen über ihren Wohnstätten. Spauns Fahne an dem langen Ast flattert im Wind. Alle haben nur Augen für das Dickicht. Man strengt sich an, wenigstens irgendetwas zu erkennen. Plötzlich läuft an der einen Flanke des Gestrüpps der Zigeuner heraus und versucht über die Waldlichtung in Richtung der Schubertianer zu entkommen. Der Offizier wendet sein Pferd und legt seinen Vorderlader an. Schubert kann nicht aufhören, das Gesicht des Zigeuners anzustarren, den er noch vor einer halben Stunde mit dessen eigener Musik gereizt hatte, und der nun auf ihn zukommt.

O-TON
Der Schuß aus der Waffe des Offiziers.

Tödlich getroffen stürzt der Zigeuner.
Die anderen Berittenen kommen aus dem Dickicht zu ihrem Offizier zurück. Die Pferde bluten aus unzähligen kleinen Wunden.

ANDANTE

Die Schubertianer spazieren schweigend einher. Sie sind in dem weiträumigen Wald verteilt, als hätten sie Angst, einander in die Augen zu schauen.

O-TON
Das Geräusch des trockenen Laubs unter ihren Schritten scheint die Anzahl der Leute zu vervielfachen.

Hüttenbrenner geht ein paar Schritte vor Schubert, um ihm Äste von Sträuchern beiseitezudrücken und das Wandern zu erleichtern. Er trägt auch sein Gepäck.

Die junge Frau mit dem verlorenen Schuh setzt einen vorsichtigen Schritt nach dem anderen, und Schober ist ihres attraktiven Aussehens wegen bemüht, sie bei Laune zu halten. Bauernfeld trägt den Käfig mit dem Eichkätzchen seiner Begleiterin.

SCHWIND
Wann hats geheißen, sollen wir dort sein?

SCHOBER
Wir haben Zeit.
Aber vorher hab ich noch eine Überraschung für euch.

OFF
Entferntes Baumfällen.

Schubert, der nichts zu tragen hat, ist am meisten erhitzt. Er ist auch am wärmsten gekleidet.

VOGL
Willst nicht wenigstens den Rock ausziehen?

SCHUBERT
Mir ist nicht heiß.

MAYRHOFER
Seinen Bauch will er nicht herzeigen, das ist es.

SCHUBERT
Laßts mich.

MAYRHOFER
Hast aus Liebeskummer soviel gessen?

SCHOBER
Hörts auf zu Sticheln. Sonst kommts noch so weit, daß wir untereinander zu streiten anfangen. Ausgerechnet heut.

VOGL
Unsereins studiert halt eine Zeitlang, wenn man einen Menschen sterben gsehn hat.

SCHOBER
Ich hab ihn nicht erschossen, Vogl. Und du bist genauso stad dagestanden, wie alle andern. Wärst fürbitten für ihn gangen.

SCHUBERT
Nichts hätten wir ausgrichtet. Mitgnommen hättens uns alle.

SCHOBER
Wer weiß, was er angestellt hat. Vielleicht hat er einen umbracht. Und jetzt hats ihn halt erwischt. Dafür hat er wenigstens ein Leben in Freiheit ghabt, und nicht eins wie mir, die

4. Bild: Im Laubwald beim Bach *Außen / Tag*

schon zufrieden sind, wenns mit dem Zeiselwagen spazierenfahren dürfen. Außerdem, sterben müssen mir alle. Und für den war halt seine Zeit kommen. So wie für die Käfer und Ameisen, die du mit deinen langen Füß bei jedem Schritt zertrittst. Und so furchtbar kann der Tod nicht sein, sonst würden sich nicht dauernd soviel umbringen. Und schau dich selber an. Jedes zweite Lied, das dir der Franz schreibt, geht um den Tod. Wie schön er ist, und daß man Sehnsucht haben soll nach ihm. Und ihr machts damit noch ein Gschäft.
Ich möcht nicht wissen, wieviel sich schon umbracht haben nach euren Liedln, weils euch glauben, daß er so schön ist, der Tod. So, und Schluß jetzt. Sind wir froh, daß mir noch leben.

Schubert ist langsamer geworden, während die anderen weitergehen. Er ändert seinen Weg, als könnte er so Schobers Argumenten entkommen. Hüttenbrenner bleibt bei ihm.
Von hier aus kann man auch eine Hundertschaft von Holzfällern sehen, die eine Schneise in den Wald treiben. Arbeiter sind damit beschäftigt, den Boden für eine Straße einzuebnen, die ein Stück den Bach entlangführen wird.

HÜTTENBRENNER
Hättest nicht drauf ghört, was der Schober daherredet. Du kennst ihn ja. Das ist halt dem Schober sein Neid. Er möcht das können, was du kannst. Das weiß doch jeder, daß hinter deiner Musik keine Spekulation ist.

Schubert sieht Hüttenbrenner an.

SCHUBERT
Ich wär mir da nicht so sicher an deiner Stell.

HÜTTENBRENNER
Aber, das spürt man doch. Wenn du vom Tod schreibst, kommt das vom Herz.

SCHUBERT
Und vom Herrgott, den darfst nicht vergessen. Weil der sagt mir die Noten ein. Dolm, du depperter.

Hüttenbrenner trifft die Beschimpfung.

Ihr bringts mich ja noch um mit lauter Verehrung.

HÜTTENBRENNER
Aber ich wollt dich doch nur . . .

SCHUBERT
Ich brauch dein Trost nicht. Mit jeden Wort hat er recht, der Schober. Der Tod und die Angst sind nun einmal ausgesprochen dankbar. Da gehn die Leut mit, ob in der Musik oder im Theater. Aber da ist nichts heilig dabei.

Einer der Arbeiter bei der Straßenbaustelle bläst in ein Horn. Die Holzfäller und die anderen Männer verlassen eilig ihre Arbeitsstätte und sammeln sich hinter einem Erdwall. Einen Augenblick später ist eine Detonation zu sehen. Ein Teil des Erdreichs fällt in den Bach. Die Arbeiter kehren zurück. Die Rauchschwaden des Schwarzpulvers lösen sich langsam auf.

4. Bild: Im Laubwald beim Bach *Außen / Tag*

VON DER BAUSTELLE
Der Donner der Detonation kommt nach einigen Sekunden.

Schubert und Hüttenbrenner haben die Sprengung durch die große Entfernung nur nebenbei mitbekommen.

SCHUBERT
Ich bin mir nicht so sicher, wenn ich einmal alt bin und es an's Sterben geht, ob ich da eins von meinen Liedln übern schönen Tod noch hören möcht.

Schober ist ein Stück zurückgekommen und winkt den beiden zu.

SCHOBER
(ruft)
So kommts doch!

Schubert und Hüttenbrenner gehen weiter. In einiger Entfernung wartet Schober auf sie.

SCHUBERT
Und renn nicht immer wie ein Hund neben mir her.

HÜTTENBRENNER
Aber wenn ich dich doch so lieb hab.

Hüttenbrenner trottet hinter Schubert einher.

SCHOBER
Wo bleibts denn. Der Spaun, der Narr, hat ein Kunststück vor. Tummelts euch.

ALLEGRO

Spaun steht auf dem Felsen, der aus der Wand herausragt. Unter ihm ist das klare Wasser, das den ein paar Meter darunterliegenden Sandboden erkennen läßt und zum Wasserfall hin immer gewaltiger schäumt. Am Fuße des Wasserfalls warten die Schubertianer. Schober steigt den schmalen und sehr steilen Pfad hinunter. Schubert folgt ihm, hinter ihm der treue Hüttenbrenner.

MAGDALENA
Daß euch nicht zu Tod stürzts.

Man lacht.
Schober turnt geschickt hinunter und läuft zu den andern. Schubert klammert sich mit einer Hand an einem Grasbüschel fest. Er hat Angst, auszurutschen, und sieht sich nach Hüttenbrenner um. Hüttenbrenner hält ihm helfend seine Hand hin. Schubert nimmt sie. Unten wartet man amüsiert, was daraus werden könnte. Schubert rutscht ein Stück auf dem sandigen Grund, doch Hüttenbrenner hält ihn. Schubert gerät in panische Angst, auf dem harmlosen Hang vor allen anderen den Hilflosen abzugeben. Anstatt hinunterzulaufen, setzt er sich nieder.

VOGL
Nun komm schon. Heut ist der Spaun akrobatisch, nicht du.

SPAUN
Tief kannst mit deiner Größ ja eh nicht fallen.

Schubert richtet sich ein Stück auf und gleitet im selben Augenblick aus.

Hüttenbrenner kann ihn nicht halten. Schubert rutscht den Hang hinunter und versucht unter lautestem Gelächter verzweifelt irgendwo Halt zu finden. Unten bremst ihn der Grasboden. Schubert bleibt liegen und würde am liebsten versinken. Der Rücken seines dunklen Rocks ist voll Sand, einen Handrücken hat er sich aufgeschürft. Noch bevor Hüttenbrenner zu ihm kommt, steht er auf und geht gedemütigt zu den andern. Magdalena klopft ihm liebevoll den Staub vom Rücken. Schubert ist froh, daß die Gesellschaft jetzt an Spauns Kunststück mehr Interesse hat, als an seiner Ungeschicklichkeit. Spaun weiß nun das Publikum unter sich versammelt. Er legt sein Oberhemd ab. Für einen Vierzigjährigen sieht er sehr sportlich aus. Der Wasserfall verbreitet einen feinen Nebel, auf dem das Sonnenlicht einen Regenbogen bildet.

SCHWIND
Wennst ertrinkst, retten kann dich keiner.

Mayrhofer ist nervös und ungehalten.

MAYRHOFER
Braucht ihn nur einer sehn und anzeigen. Dann gehn mir alle in den Dschumpas. Verboten ist verboten.

Spaun zieht sich elegant bis auf die Unterhose aus. Am lautesten applaudieren die Damen. Spaun tritt an die Felskante. Man hält den Atem an. Spaun springt, die Beine voran. Durch die Schubertianer geht ein Aufschrei. Spaun dreht sich in der Luft und plumpst in das klare Wasser, in dessen Schaum er für einen Augenblick verschwindet. Jetzt denkt auch Schubert nicht mehr an seinen Absturz.

Spaun taucht wieder auf und macht ein paar eigenartige Schwimmbewegungen. Die Leute warten drauf, daß er endlich untergeht, aber Spaun kann wirklich schwimmen und sogar noch reden.

SPAUN
Das ist eine Freiheit. Dafür laß ich mich sogar einsperren.

Spaun legt sich auf den Rücken und läßt sich im Wasser treiben. So etwas hat man überhaupt noch nicht gesehen.

Spaun schwebt, schwerelos, wie im Weltall, im klaren Wasser. Auch seine Bewunderer haben das Gefühl, um vieles leichter zu sein.

SCHOBER
Spaun, das mußt mir beibringen.

Das Mädchen aus dem Zweisitzer steckt übermütig ihren Fuß vorsichtig ins Wasser.
Spaun läßt sich untergehen.

JOHANNA
Mein Gott, jetzt hat ihn vor lauter Schwimmen der Schlag getroffen.

Spaun taucht ein Stück, kommt kurz hoch und versucht dann bis auf den Sandboden hinunterzugelangen. Er verschwindet in der aufwallenden Wolke des feinen Sandes.

Spauns nasse Kleidung trocknet am Ufer auf einem Strauch. Er selbst, in Oberhemd und Hose, ist Mittelpunkt

der Schubertianer. Schubert blättert in Spauns Buch übers Schwimmen.

BETTINA
Ertrinken muß erst schön sein. Wie wenn eins in den Mutterbauch zrückgeht. Wenns eine aus der Donau rausfischen und sie lebt noch, dann erzählns immer dasselbe. Daß man die schönsten Landschaften sieht und eine Musik hört, die man noch nie ghört hat. Sie schreiben doch so schöne Lieder über die Selbstmörder, Herr Schubert.

Hüttenbrenner sieht Schubert an.

Sie werdn doch nicht am End schon einmal in die Donau gangen sein.

MAYRHOFER
Der Herr Schubert schreibt ja auch über die Liebe, Fräulein Bettina.

Mayrhofer hat es so laut gesagt, daß es alle trotz des Rauschens des Wasserfalls hören konnten. Bettina versteht die Anspielung wohl als einzige nicht.

BETTINA
Hörens mir mit der Lieb auf. Davon hat man nichts.

MAYRHOFER
Der eine oder andere hat schon was davon. Und oft hat er dann jahrelang, wenn nicht ...

Schubert klappt das Buch übers Schwimmen zu.

SCHOBER *(unterbricht Mayrhofer)*
Mayrhofer, halts Maul.

Schubert hat die eigene Vergangenheit eingeholt. Auch wenn alle so tun, als würden sie nicht wissen, worum es geht, ist die ausgelassene

Stimmung verflogen. Schubert glaubt alle ihre Blicke zu spüren.

OFF / VON DER STRASSENBAUSTELLE
Entfernt wieder eine Sprengung.

SCHOBER
Und du Vogl, sing uns was. Wozu hat der Franz die Gitarre mitgnommen.

Vogl, über die Mißstimmung auch nicht erfreut, nimmt den Vorschlag dankbar an.
So wird er jetzt wenigstens auch wichtig.

SCHWIND
Wie wärs mit der „Todesmusik"? Die habn wir schon eine Ewigkeit nicht ghört.

Vogl ist einverstanden. Schubert konzentriert sich auf die Gitarre und schlägt die Einleitungsakkorde an. Vogl beginnt zu singen.

VOGL
In des Todes Feierstunde,
wenn ich einst
von hinnen scheide,
und den Kampf,
den letzten, leide,
senke, heilige Komöne,
noch einmal die stillen Lieder,
noch einmal die reinen Töne,
auf die tiefe Abschiedswunde
meines Busens heilend nieder.

Schubert will weiter spielen, aber irgendetwas irritiert ihn. Vogl singt noch einen Vers und hört dann auch auf. Schubert setzt die Gitarre ab. Jeder merkt, daß sich etwas verändert hat. Alle haben dasselbe eigenartige Gefühl. Ein Instinkt sagt ihnen etwas, ohne daß sie es verstehen.

Einer nach dem anderen steht auf, um vielleicht vor dem Unheimlichen davonlaufen zu können. Keiner, der keine Angst hat im Wald, dem man ohnehin seit Menschengedenken mißtraut.

O-TON
Es wird ruhiger.

In ihren Gesichtern ist wieder die Furcht zu sehen, die noch ihre Väter vor den Dämonen des Waldes hatten. Magdalena will schreien.

O-TON
Es wird noch ruhiger.

Bettina merkt als erste die Ursache, vielleicht, weil sie vor ein paar Minuten noch ihre ganze Fantasie damit beschäftigt hatte.

BETTINA
Das Wasser.

Langsam begreifen es auch die anderen: der Wasserfall verliert zusehends mehr und mehr von seiner Kraft. Aus dem Wasserschwall wird ein kleiner, aufklatschender Sturzbach, aus dem ein Rinnsal.

O-TON
Der dünne Wasserstrahl klingt wie aus einem Springbrunnen. Die Natur rundherum wird hörbar.

Das Wasser fällt nicht mehr herunter, sondern rinnt nur noch den Fels entlang. Auch der Schleier aus nicht zu zählenden Wassertröpfchen lichtet sich. Mit ihm verschwindet auch der Regenbogen. Noch immer haben nicht alle ihre Angst verloren, bei einigen hat sie sich sogar verstärkt.

Hüttenbrenner beeilt sich, das Wunder aufzuklären.

HÜTTENBRENNER
Sprengen tuns oben. Und da hats den Bach verlegt.

So ganz kann die Anspannung nach dieser Urangst vorm Stillwerden doch noch nicht abgelegt werden. Vor den Augen der Leute verschwindet auch unglaublich schnell das Wasser, in dem Spaun eben noch geschwommen ist. Es fließt, ohne vom Wasserfall Nahrung zu bekommen, ab, der Bach scheint sich aufzulösen. Die ersten Sandbänke kommen zum Vorschein und hinter dem schon ganz dünnen Wasservorhang beim Felsen der Eingang zu einer höhlenartigen Öffnung.

JOHANNA
Mir wärs lieber, wenn mir schnell gingen.

MAYRHOFER
Es war einfach nicht richtig, daß der Spaun gschwommen ist.

Schober versucht einen Scherz.

SCHOBER
Jetzt fehlt nur noch eine Erscheinung.

JOHANNA
Hörts auf, bitte.

Bis auf kleine Pfützen ist das Wasser in diesem Teil des Baches verschwunden. Dafür ist einiger Abfall auf dem Boden des Bachbettes sichtbar geworden. Hier liegt weggeworfener Hausrat, der von Moos und Pflanzen überwuchert ist, oder den der zuhüllende Sand nur zum Teil herausragen läßt. Einige Flaschen glänzen im Sonnenlicht. Manchmal bedeckt der

Sand irgendetwas so vollständig, daß auch aus den Konturen nicht abzulesen ist, was darunter liegt. Der Eingang zur Höhle ist ein übermannshohes, schwarzes Loch im Fels.
Spaun mit der Sicherheit des Aufklärers:

SPAUN
Ihr werds doch nicht an irgendwelche Geister glauben. In unserer Zeit. Der Hüttenbrenner hat recht. Alles ist erklärbar. Wir leben schließlich im 19. Jahrhundert.

O-TON
Durch das Fehlen des tosenden Wasserfalls ist es hier nun so still, wie es wahrscheinlich noch nie war. Die leise Natur rundum verstärkt diese Stille. Von der Felswand des Wasserfalls tropft es nur noch. Aus der dunklen Höhle im Felsen ist ein eigenartiges Pfeifen zu hören.

Johanna, Bettina, noch zwei Frauen und Mayrhofer verlassen den Platz.

O-TON
Das Geräusch der Flüchtenden klingt wie das von Insekten, die aus einem Sandtrichter zu entkommen versuchen. Ein paar Steine rollen den sandigen Aufstieg herunter.

Schubert hält seine Gitarre noch immer in der Hand. Magdalena steht ganz nah bei ihm.

Aus der Höhle kommt wieder dieser Pfeifton, der nun auch seine Höhe verändert.

Schober ist sich jetzt nicht mehr so sicher, daß es im 19. Jahrhundert keine Geister mehr gibt.

Aus dem einen Ton wird ein Klang.

Magdalena hält sich zur Sicherheit ein bißchen an Schubert fest.

SCHOBER
Franz, für Musik bist du zuständig.

OFF / AUS DER HÖHLE
Dieser eigenartige Klang wiederholt sich.

Schubert ist von dem Klang fasziniert, fast gefangengenommen. Er wiederholt den Klang auf seiner Gitarre. Man wartet.

Die Höhle schweigt.

Schubert schlägt nochmals an.

Jetzt kommt derselbe Klang wieder aus der Höhle.

Bauernfeld klettert mit drei Frauen den Abstieg hinauf. Oben am Felsenrand, von dem Spaun ins jetzt verschwundene Wasser gesprungen war, wartet ein Teil der Schubertianer.

OFF / AUS DER HÖHLE
Wieder der Klang, der fremd ist, und sich aus einem bisher ungehörten Pfeifen zusammensetzt.

Schubert schlägt einen Akkord an, der eine musikalische Antwort zum Klang aus der Höhle ist.

Stille.
Dann derselbe Klang von vorhin.

Schubert steigt das grasbewachsene Ufer hinunter. Magdalena will ihn zurückhalten. Schuberts Füße versinken im Sand des Bachbettes. Er geht weiter. In seinen Fußabdrücken sammelt sich Grundwasser. Magdalena sieht sich um, ob denn keiner Schubert nachfolgen wolle. Aber die anderen bleiben, wo sie stehen.
Schubert wiederholt seinen Akkord.

Der Klang aus der Höhle kommt in verschiedenen Abständen.

Magdalena folgt Schubert ins Bachbett.
Schubert spielt andere Tonfolgen und Dreiklänge, als wollte er das Geheimnis aus der Höhle herauslokken.
Die Umstehenden und die Schubertianer am Felsrand lauschen angespannt und wagen kaum zu atmen.
Schubert geht weiter auf die Höhle zu. Magdalena folgt ihm und verachtet die anderen, die den kleinen Mann im Stich lassen. Der Boden unter ihren Füßen wird fester.
Jetzt sind sie schon im Schatten der Höhle.

OFF / VON DER HÖHLE
Der Klang aus der Höhle kommt nicht mehr.

Schubert lockt mit seiner Gitarre. Schubert und Magdalena gehen einen weiteren Schritt auf die Höhle zu.

Der Klang kommt wieder aus der Höhle.

Schubert steht nun schon in der Öffnung der Höhle.

In der Höhle klingt seine Gitarre fremd und hallig.

Die Höhle erhält nur wenig Licht von der Sonne. Von der Höhle aus gesehen, wirken Magdalena und Schubert gegen den gleißenden Hintergrund wie zwei Schattenrisse.
Schubert glaubt die Stelle, von der der Klang jetzt ununterbrochen kommt, orten zu können. Er geht vorsichtig auf sie zu. Von heraußen sind die beiden nicht mehr zu sehen.
Schubert versucht sein Auge ans Dunkel zu gewöhnen. Der Klang ist

nun ganz nah vor ihm. Es ist ein Teil des Felsens, vom Wasser zerklüftet, der zu singen scheint. Schubert nähert vorsichtig seine Hand einem der Risse.

Mit der näherkommenden Hand Schuberts ändert sich der Klang.

Schubert legt die Hand auf den Felsen.

Der Klang scheint zu ersticken.

Schubert nimmt die Hand wieder weg.

Der Klang schwillt wieder an.

Schubert wiederholt die Bewegung einigemale.

Der Klang gehorcht seinen Bewegungen.

An dem zerklüfteten Felsen bricht sich der Wind. Das Ganze wirkt wie eine Äolsharfe.
Auch bei Magdalena löst sich die Spannung. Schubert dreht sich lächelnd um. Magdalena gibt ihm einen Kuß auf die Wange und geht zum Höhleneingang zurück.

MAGDALENA
Kommts her, ihr Hasen.

Mit viel Mißtrauen kommt man ihrer Aufforderung langsam nach. Schuberts Augen haben sich so an das Dunkel in der Höhle gewöhnt, daß er ein paar Schritte vor sich die schwach glänzende Oberfläche des unterirdischen Flusses erkennen kann.
Er wendet sich ab, um die anderen zu erwarten. Von hier aus sieht er, wie gegen die helle Landschaft vor der Höhle die den Felsen herunterfallenden Tropfen wieder zahlreicher werden.
Auch Magdalena wird darauf aufmerksam, daß in den verschwundenen Wasserfall wieder Leben kommt. Die Schubertianer wagen sich vorsichtig an die Höhle heran. Aus den Tropfen vom Felsen wird ein dünner Regen, der sich verstärkt und von der Höhle aus wie ein Vorhang aussieht. Magdalena weicht aus, indem sie die Höhle verläßt. Die Schubertianer bleiben stehen. Schubert merkt, daß der Wasserfall wieder in Bewegung kommt. Er tritt schnell ins Freie hinaus, wird aber noch naß.

O-TON
Aus dem Regengeplätscher wird ein stärker werdendes Rauschen.

Das Wasser, das nun wieder den Felsen herunterkommt, ist rotbraun von Erde und Schlamm. Das Bachbett beginnt sich zu füllen und die Schubertianer klettern wieder ans Ufer zurück, ohne das gesehen zu haben, was Magdalena und Schubert gesehen haben.
Der Wasserfall führt nun mehr Wasser als zuvor. Es stürzt in breiten, rotbraunen Bahnen ins Bachbett.

Schubert ist mit Magdalena ans Ufer zurückgekehrt. Auch seine Gitarre hat von der Nässe etwas abbekommen.
Man steht am Ufer und hat das Gefühl, daß nun die Welt wieder in Ordnung kommt.
Da ist auch wieder der Schleier aus unzähligen Wassertröpfchen. Er legt sich langsam über die Landschaft und auf die Schubertianer. Sie, die Magdalena und Schubert neidvoll ansehen, merken nicht, wie ihre weißen

Kleider immer mehr von der Farbe des Wassers annehmen.
Auch der wiedergeborene Regenbogen ist rotbraun.

6. Bild: Im Dickicht / Am Fluß **Außen / Tag**

ANDANTE

Der Urwuchs dieses Abschnitts erinnert an tropische Regenwälder. Hier wurden noch nie Bäume gefällt, noch nie neue gepflanzt.

O-TON
Von überallher die dichte Geräuschkulisse dieses mitteleuropäischen Urwalds.

Die Schubertianer mühen sich durchs Dickicht, das allerdings immer wieder von hochstämmigen Baumflächen unterbrochen wird. An manchen Stellen ist der Boden weich und durch das Wasser in der Nähe sumpfig.
Schober führt die Leute an. Die Schubertianer sind seit ihrem Erlebnis beim Wasserfall längst nicht mehr die ausgelassenen Draufgänger, die sie noch auf dem Zeiselwagen waren.

MAYRHOFER
So ein Leichtsinn, den Kutscher heimzuschicken.

SPAUN
Willst vielleicht da herinnen mit der Kutschen fahren?

SCHOBER
Wo ist denn der Franz schon wieder?

Man sieht sich um und entdeckt in einiger Entfernung Schubert und Magdalena, in ein Gespräch vertieft. Sie haben keine Eile nachzukommen. Hüttenbrenner begleitet die beiden in einigem Abstand.

SCHWIND
Da wird sich doch nichts anbahnen?

Mayrhofer läßt das ungleiche Paar, das immer wieder hinter dichtem Buschwerk verschwindet, nicht aus den Augen. Das Mädchen mit dem verlorenen Schuh schreit auf. Es ist auf eine Schlange gestiegen. Schober beruhigt es.

SCHOBER
Was schreist denn so aufgeregt, Theresa. Ist doch nur ein harmloses Viech.

Spaun kommt dazu.

SPAUN
Gebts mir einer eine Flaschn.

Spaun, der sich in der Natur von allen am besten zurechtfindet, nimmt eine Flasche. Mit einem Ast, den er auf den Nacken des Tieres drückt, zwingt er es, in die Flasche zu kriechen. Schubert kommt dazu. Er ist gut aufgelegt.

SCHUBERT
Was meints ihr, ob sie tanzt, wenn ich ihr was vorspiel?

MAYRHOFER
Tanzen eh schon gnug andere, wenn du spielst.

Mayrhofer sieht Magdalena an, die Schubert zu ihrem Begleiter durch den sumpfigen Urwald gemacht hat.

Bauernfeld hält den Käfig mit dem Eichhörnchen vor die Flasche, in der sich die Schlange windet. Das Eichhörnchen prallt auf die gegenüberliegende Seite des Käfigs und wird starr vor Angst. Den Schubertianern bereitet es Vergnügen.
Man lacht auch deswegen so laut, weil man dadurch doch etwas von der Unheimlichkeit des Ortes, den man freiwillig nicht betreten würde, verscheuchen will. Auch Bauernfeld wird ungeduldig.

BAUERNFELD
Ist es noch weit?

SCHOBER
Ein Stück nach der Kapelle.

Noch ist nichts zu sehen.

MUSIK
Sehr leiser Einsatz und kaum hörbare Fortführung der Messe in As-Dur (D 678).

Man kommt der Stelle näher, die aus dieser Entfernung noch wie ein Hügel aussieht. Dann erst werden die Konturen einer Kapelle sichtbar. Magdalena geht neben Schubert.

MAGDALENA
Verdient eins viel mit der Musik?

SCHUBERT
Leider überhaupt nicht. Da müßt ich schon Kapellmeister sein oder halt sehr virtuos auf einem Instrument. Das heißt den Kapellmeister hab ich ein paarmal versucht, aber wolln haben mich die Direktoren nie.

Hüttenbrenner, der jetzt zusätzlich noch Schuberts Gitarre trägt, geht knapp hinter den beiden.

MAGDALENA
So einen berühmten Mann haben die nicht wolln?

SCHUBERT
Hörns auf damit. Ich mag nicht, wenn man mir so schmeichelt. Wer außer meine Freund kennt mich denn schon.

MAGDALENA
Als Kapellmeister hätten Sie es leichter.

SCHUBERT
Oder schwerer. Weil ich immer parat sein müßt, zeitig in der Früh aufstehn ...

MAGDALENA
Mit so einer verdächtigen Frau wie mit mir könntens wahrscheinlich auch nicht in den Wald gehn, oder?

SCHUBERT
Ich hab halt so meine Freiheit.

Man ist nicht mehr weit von der Kapelle entfernt. Ihre Steinmauern werden sichtbar.

Und Sie sind keine verdächtige Frau.

Schubert nimmt allen Mut für ein Kompliment zusammen.

Magdalena, Sie sind eine sehr schöne Frau.

MAGDALENA *(überrascht)*
Sie können ja wunderbare Komplimente machen.

SCHUBERT
Wer hat denn gsagt, daß ich das nicht kann?

Hüttenbrenner stolpert zufällig. Magdalena nimmt den Anlaß, um abzulenken.

Der Schober wahrscheinlich. Oder?

MAGDALENA
Sagns, muß der dauernd bei uns da herumschwarwenzeln?

Schubert dreht sich zu Hüttenbrenner um.

SCHUBERT
Dräng dich nicht so auf. Gib her.

Schubert nimmt Hüttenbrenner die Gitarre weg, die dieser so stolz getragen hatte.
Man ist bei der Kapelle angelangt.
Schwind stellt seine Staffelei auf.

SCHOBER
So wird einmal Wien ausschaun, wenn mir alle ausgestorben sind.

Der Bau ist eine Symbiose aus Pflanzen und Steinen. Die Holztür ist längst verrottet, die farbigen Fensterscheiben hängen noch in ihren Bleirahmen.
Schubert, Spaun, Bauernfeld und Mayrhofer klettern hinein.

MUSIK
Die Messe in As-Dur wird lauter.

Ein paar Vögel fliegen aus ihren Nestern in den Mauernischen auf. Die Kapelle hat einmal kaum mehr als etwa 60 Gläubigen Platz geboten. Auch im Innern hat die Natur nach den Steinen gegriffen. Die Pflanzen winden sich bis an die Decke und verhüllen verwitterte Fresken an den Wänden. Aus einer hölzernen Madonna haben kleine Käfer ein Skelett gemacht.

Die Messe wird lauter.

Irgenwo raschelt ein Laubfrosch.

Durch ein Fenster sieht Schubert, wie vor der Kapelle Schober mit Magdalena spricht.

MUSIK
Die Messe gelangt zur vollsten Lautstärke. Ihr Volumen läßt das Gefühl entstehen, als sei man im größten Dom der kaiserlichen Hauptstadt.

Spaun und Bauernfeld haben sich sattgesehen und verlassen die Kapelle.
Schubert geht näher ans Fenster heran, um vergeblich zu versuchen, etwas vom Gespräch Magdalenas mit Schober mitzuhören. Dabei entdeckt Schubert vor sich auf einer fast versteinerten Holzbank einen breiten Strom tausender Ameisen, die von ihren Beutezügen zu ihrer Pyramide auf dem Steinplattenboden zurückkehren. Die Ameisen streben ebenso hastig ihr Ziel an, wie die Bauern aus Ungarn auf der Ausfahrtsstraße die Stadt Wien, oder Kirchgänger am Sonntag. Schubert ist derart gefangengenommen, daß er vorerst nicht merkt, wie Mayrhofer, der sich hier unbeobachtet fühlt, die Hand auf seine legt. Schubert spürt Mayrhofers Hand und schüttelt sie ab, als sei sie von diesen unzähligen Ameisen überrannt worden.

Die Musik schließt mit ihrem gewaltigen Finale.
Stille

Schubert und Mayrhofer sehen einander an. Im Blickfeld der beiden ist Magdalena, die immer noch mit Schober redet.

MAYRHOFER
Denk nicht, daß die was für dich ist.

Schubert würde Mayrhofer am liebsten erschlagen.

Und tu nicht so, als wennst schon gsund wärst.

Schubert dreht sich um und verläßt die Kapelle. Mayrhofer steht allein da, macht beim Ausgang eine Kniebeuge und bekreuzigt sich mit Blick auf die ausgehöhlte Madonna. Der Raum bleibt für die nächsten Jahre wieder von den Menschen verlassen und mit den Insekten allein zurück. Als Schober merkt, daß Schubert hinter ihm ist, bricht er sofort das Gespräch mit Magdalena ab und versucht abzulenken.

SCHOBER
(zu Schubert)
Na, hast gebetet, du Heid?

Schubert sieht Schober wie einen Rivalen an. Magdalena kommt an Schubert heran.

MAGDALENA
Nenn ihn nicht einen Heiden, wo er doch schon soviele Messen gschrieben hat.

SCHUBERT
(zu Schober)
Ah, hast vielleicht grad das der Frau Magdalena erzählt?

Schober wirkt verlegen.

MAGDALENA
Aber Herr Schubert, das weiß doch jeder. Hab ja selber schon oft mitgesungen.

Die Gesellschaft wird ungeduldig.

MAYERHOFER
Lang warten wir nimmer, Schober.

Schober ist froh, daß er die Situation verlassen kann. Er geht den Weg vor.

Auch Magdalena sieht Schubert an, als hätte sie etwas zu verbergen. Dann aber nimmt sie ihn an der Hand.

MAGDALENA
Kommens. Sonst verlierens uns noch.

Nur Schwind ist unzufrieden, daß man nicht länger bei der Kapelle bleibt. Verärgert packt er seine Staffelei zusammen und das Blatt mit der halbfertigen Skizze der Kapelle. Schon nach einem kurzen Stück des Weges, den die Schubertianer schnell hinter sich bringen, gelangen sie an das Ufer eines breiten Baches, der schon fast die Ausdehnung eines Flusses hat. Das erdfarbene Wasser fließt langsam und ist von unzähligen goldgelben Blättern bedeckt. An manchen Stellen sieht der Bach wie eine mit Blumen übersäte Wiese aus, und man kann sich vorstellen, daß ein Wanderer, sollte er sich in diese Gegend wagen, diese durchaus für eine solche halten könnte. Schobers Überraschung ist ein Kahn, der am Ufer verankert in diesem gelben Meer liegt. Im Gegensatz zum morschen Gehölz ist er neu, und erst vor kurzer Zeit hierher gebracht worden. An seinem Heck trägt er eine kurze Stange mit einer Fahne der Monarchie, und auf den Sitzbänken sind Pferdedecken ausgebreitet. Man begeistert sich für das bevorstehende, romantische Erlebnis.

ANDANTE

Die Kavaliere helfen den zaghaften Damen beim Einsteigen. Der Kahn schwankt sanft und es entsteht ein Durcheinander, weil jeder den besten Platz haben will. Ein Frosch verläßt aufgeschreckt das Boot. Magdalena und Schubert besteigen es als letzte. Schober löst die Verankerung und stößt mit einer langen Stange vom Ufer ab. Der Kahn gleitet langsam zur Mitte des Wassers.

BAUERNFELD
Sehr originell, Schober. Wie lang fahrn mir denn?

SCHOBER
Hetz nicht schon wieder. Zum Fest kommen wir grad richtig.

Schubert sitzt neben Mayrhofer, ihm gegenüber Magdalena. Die Flasche mit der Schlange steht am Bug des Kahns und sieht wie eine Gallionsfigur aus. Schwind sucht nach einem neuen Blatt in seiner Skizzenmappe. Johanna läßt die Hand durchs Wasser gleiten, das bei näherem Hinsehen von unzähligen toten Insekten und Larven bedeckt ist. Schubert läßt sich von Hüttenbrenner die Gitarre geben. Er stimmt eines seiner Lieder an, das seine Freunde alle kennen.

LIED
„Irdisches Glück“ (D 866/4)

Die Schubertianer erleben sich in ihrer romantischen Vollendung. Schubert spielt, als wäre nur Magdalena bei ihm im Boot, und Magdalena hat nur Augen für ihn.
Schwind bringt mit schnellen Strichen eine Wolkenstimmung aufs Papier.
Schober ist zufrieden, daß man seine Überraschung sosehr schätzt. Er steuert auch den Kahn, der allerdings wie ein Pferd den Weg selbst zu kennen scheint, und gemütlich dahintreibt. Es gibt auch nicht mehr das hastige Suchen und Ausprobieren der Partner, wie noch auf dem Zeiselwagen, jeder hat seinen Gespielen, wenn auch vielleicht nur für die nächsten Stunden.
Mayrhofer, der sich einer Magdalena so schnell nicht geschlagen geben will, nützt das allgemeine Wohlbefinden und legt, was er sich vorher nur im Verborgenen der Kapelle getraut hatte, wie aus überschäumender und grenzenloser Freundschaft, seine Hand auf Schuberts Bein. Einige werden darauf aufmerksam, tun aber so, als hätten sie nichts gesehen, um die beiden nicht zu brüskieren und auch die unendliche Harmonie nicht zu stören.
Schubert versucht ein Stück von Mayrhofer wegzurücken, was ihm aber bei der Enge des Kahns nicht viel nützt. Schließlich setzt er die Gitarre ab.

SCHUBERT
Gib deine dreckerten Händ weg.

Die Schubertianer singen noch weiter. Schubert schreit:

Hast ghört!

Das Lied bricht jäh ab. Nun kann niemand mehr so tun, als sähe er das alles nicht. Anstatt die Hand wegzuziehen, umklammert Mayrhofer Schubert noch fester, als gelte es, jetzt oder nie eine Liebe zu gewinnen. Schubert steht heftig auf, Mayrhofer muß loslassen. Der Kahn schwankt. Einige bekommen Angst vorm Kentern und klammern sich am Bootsrand fest.

Da schau her!

Schubert geht zu Magdalena und küßt sie. Schober will wegschauen. Magdalena hält Schubert fest. Mayrhofer sieht sich nun endgültig als Verlierer und dem Ekel aller ausgesetzt.
Schubert löst sich von Magdalena.
Er setzt sich zu ihr auf den Boden des Kahns.
Schober hat vergessen, den Kahn zu steuern, der jetzt gegen einen ins Wasser ragenden Baumstamm steuert. Der Kahn bleibt hängen, dreht sich um die eigene Achse und fährt, das Heck voran, weiter.
Die Schubertianer finden nun die Enge des Kahns quälend. Wenn es ginge, würden sie ihn schnellstens verlassen.
Eines der Ufer ist voll von den glänzenden Fäden des Altweibersommers, die zwischen den Ästen schweben.
Mayrhofer ist so zerstört, daß der eine und andere Mitleid mit ihm hat. Schuberts Gitarre, die nun nicht einmal mehr Hüttenbrenner aufbewahrt, sondern am Boden des Kahns liegt, wirkt wie aus einer anderen Zeit und aus einer anderen Welt.
Schober führt das Boot wieder, und jeder vermeidet ängstlich die Blicke der anderen und auch die durch die Enge gegebenen Berührungen.
Es ist so still im Kahn, daß man die

Bleistiftstriche Schwinds hört, und es ist dunkler geworden, weil die Bäume und Sträucher immer näher vom Ufer herangerückt sind. Der Wasserdurchlauf wird schmäler und der Ausblick nach einem Stück vom blauen Himmel auch seltener. Die Wipfel der Bäume, die auf den getrennten Ufern stehen, berühren einander und bilden einen Tunnel, der durch das vertrocknende Laub alle Farben spielt.
Der Tunnel wird noch niedriger, weil auch die Sträucher an den Ufern einander erreichen.
Die Fahrt hat im letzten Stück durch die Enge an Schnelligkeit zugenommen.
Magdalena duckt sich wie die anderen, um nicht Äste ins Gesicht geschlagen zu bekommen. Die Schneise durch den dschungelartigen Wald wird noch enger, sodaß man garnicht mehr das Gefühl hat, auf dem Wasser zu fahren. Rundherum brechen die Körper der Niederkauernden die Äste ab.

O-TON
Eine „Sinfonie" brechender Äste.

MUSIK
aus diesem Geräusch entwickelt sich das Streichquartett Nr. 15 in G-Dur (D 887), 1. Satz.

Der Kahn wird immer schneller in den Wald hineingesogen. Die Gesellschaft drückt sich zum Schutz dicht gegen den Boden des Kahns.
Der geächtete Mayrhofer gelangt dadurch so nah an Magdalenas Gesicht, daß sie seinen Atem spürt.

Keinem von beiden gelingt es, dem Blick des anderen auszuweichen.

MUSIK
Die Musik steigert sich im Rhythmus der Fahrt.

Unvermittelt wird es heller und der Kahn bricht aus dem engen Tunnel auf eine weite Wasserfläche, die den Bach an dieser Stelle zu einem Teich macht. Das ruhende Wasser bremst die schnelle Fahrt ab. Die Sonne beleuchtet ein villenartiges Haus am Ufer. Eine ausgelassene Gesellschaft von etwa achtzig Menschen ist zu Gast beim Fest des Grafen Rieder. Man winkt den Schubertianern freudig zu.

8. Bild: Am Teich — Außen / Tag

PRESTO

Schober stakt den Kahn mit den Schubertianern ans Ufer.
Um die Gäste vor der Sonne zu schützen, hat man über die Tische und Sessel große, weiße Tücher gespannt, die dem Ganzen den Eindruck aus einer Mischung von Jahrmarkt und orientalischem Zeltlager geben.
Von der Bootshütte abwärts angeln Männer, zwei Frauen und ein paar Kinder. In der Teichoberfläche spiegelt sich der Himmel.
Die Schubertianer klettern aus dem Kahn und werden freudig begrüßt. Eine der Frauen geht strahlend auf Schober zu.

ELISABETH
Herr Schubert, Sie wissen ja gar nicht, was Sie uns mit ihrem Besuch für eine Freud machen.

Elisabeth stellt ihren Freundinnen Schober als ihren berühmten Bekannten Franz Schubert vor.

Die Schubertianer wollen den Irrtum aufklären, aber Schubert winkt ab. Schober ist sehr verlegen, hat aber nicht den Mut, Elisabeth und die anderen darauf aufmerksam zu machen, daß nicht er, sondern der unförmige, unscheinbare, kleine Mann hinter ihm Schubert ist.

ELISABETH
(zu ihren Freundinnen)
Der Herr Schubert hat mich vor ein paar Monaten auf einer Gesellschaft angeredet, obwohl ich sagen muß, daß er mir damals schon den ganzen Abend wegen seiner Erscheinung aufgefallen ist.

Die Freundinnen beneiden Elisabeth um ihre Bekanntschaft.

(zu Schober)
Wie gehts mit dem Komponieren?

Schober ist es sehr unangenehm, daß seinen Freunden klar wird, sich einmal als Schubert ausgegeben zu haben.
Schubert scheint die Angelegenheit zu belustigen.

SCHUBERT
Wenn ich auch was sagen darf: unser Freund Schubert komponiert so fleißig, daß die Verleger gar nicht mehr nachkommen mit den Heftln.

Schuberts Erklärung wird fast überhört. Man zieht Schober mit sich.

MAGDALENA
(zu Schubert)
Und das lassen Sie sich gefallen?

SCHUBERT
Und wie. So weiß ich wenigstens, wie gern er ich sein möchte.

Elisabeth stellt den Gästen weiterhin Schober als Schubert vor. Einige kennen schöne Musik von Schubert und haben keinen Zweifel, daß ein ebenso schöner Mann wie Schober ihr Schöpfer ist.
An einer Reihe von kräftigen Ästen hat man einfache Schaukeln befestigt, die nicht nur die Kinder benützen, sondern auch Mädchen und Frauen.
Über einem Feuer brät man die gefangenen Fische, und in einem Spiegel, der im Freien steht, begutachten Damen den Sitz ihrer Garderobe oder den Zustand ihres Make-ups.
Unter einem Baldachin stehen verschiedene Musikinstrumente, darunter ein Klavier. Die lange, weißgedeckte Tafel füllt sich zusehends mit den Gästen. Auch die Schubertianer nehmen Platz.
Kinder laufen zwischen Sessel und Bäumen herum, spielen Fangen, Blinde Kuh oder schauen zu, wie ein mittelgroßer Heißluftballon aus Seide sorgfältig von drei ernsten Herren entfaltet wird. Für einige von ihnen ist das Eichkätzchen im Holzkäfig aber die größte Attraktion. Schubert sitzt an der Tafel neben Magdalena, und von ihm nicht weit entfernt die Gräfin von Rieder.

8. Bild: Am Teich *Außen / Tag*

Ihre Tochter, ihr ganzer Stolz, ein etwa 7-jähriges Mädchen, begrüßt artig nacheinander die neuen Gäste. Das Kind trägt ein schulterfreies Kleid und ist geschminkt und frisiert wie eine Erwachsene.
Man beginnt zu speisen und zu trinken.
Ein paar Kinder bekommen ihre Teller in die Sänfte gereicht, die sie wegen der Gefahren des Waldes nicht verlassen dürfen.
Das Haus der Familie Rieder sieht nicht so aus, als wäre es ständig bewohnt und macht eher den Eindruck einer Absteige für Feste. Ein Stück vom Festplatz entfernt frißt ein an einen Pflock gebundener Widder eine kreisrunde Form in die Grasfläche. Von hier aus ist von der Festtafel das Geräusch der Bestecke zu hören. Schubert ist neben seiner Magdalena glücklich und zufrieden.
Schober wird von der Gräfin Rieder als Schubert vorgestellt. Die Gräfin sieht wie eine bis ins Detail stimmende Vergrößerung ihrer aufgeputzten Tochter aus, bis auf den Unterschied, daß ihr Kleid keine nackten Schultern zeigt. Sie ist etwa 35 jahre alt und eine überaus großzügige Gastgeberin. Ihr Mann, doppelt so alt, versucht seine Gäste zu unterhalten.

GRAF RIEDER
Es kennt doch jeder von Ihnen den Fleischhauer Anschütz bei den Sophiensälen. Die Stelzen heut sind auch von ihm. Jetzt hat ja das Geschäft sein Sohn übernommen. Ihm selbst hab ich einmal bei einem

Mißgeschick zugeschaut. Er war grad dabei, wie immer an einem Dienstag, auf der Gassen heraußen die Schweindeln auszuhacken. Seine Geselln sind aber fast nicht zum Arbeiten kommen, weils die Hund verjagen müssen haben. Und ein so ein Hund, ein Riesenvieh, ist rabiat worden und hat den Anschütz angefallen und sich in seinen linken Arm verbissen. Die Fleischbuben haben nach dem Viech treten, der Hund ist nur zorniger worden, und der Anschütz hat mit seiner Hacken herumgefuchtelt und dann auf den Hund damit eindroschen.

Ein paar Gäste essen langsamer.

Und dann ist er vor ihm auf dem Hackstock glegen.

Rieder sieht sich um. Einige haben schon weniger Gusto auf die Stelzen.

SCHOBER
Wollens sagen, daß mir jetzt vielleicht Stelzen von einem Hund essen?

RIEDER
Wieso vom Hund. Auf dem Hackstock ist der Arm vom Anschütz glegen. Der Hund ist davongrennt.

Schober und anderen bleiben die Bissen stecken. Rieder lacht. Er freut sich über die Wirkung seiner Geschichte.

Eigentlich wollt ich ja nur erzählen, warum der Anschütz, der ja noch nicht so alt ist, sein Geschäft seinem Sohn übergeben hat.

SCHUBERT
Fehlt dem auch schon was?

Schubert hat unbekümmert weitergegessen. Ihm hat die Geschichte gefallen. Ein paar Damen sind aufgestanden, um herumzuwandern. Rieder treibt sein Spiel mit Vergnügen weiter. Er winkt einer Bediensteten.

RIEDER
Geh, Anna, sammel die Stelzn ein, dann haben wir noch was für die ganze Wochen. Wenn schon nicht mehr das Volk auf den Adel schaut, muß er es selber tun.

Schubert spült sein Essen mit Wein hinunter und wechselt mit Schober einen Blick. Schober hat mit ungutem Gefühl wegen seiner Rolle als Schubert zu ihm gesehen. Schubert gibt ihm zu verstehen, daß er da schon mitmache.
Ein paar Herren stehen von der Tafel auf und verneigen sich vor der Gräfin.

GRÄFIN RIEDER
Drüben bei der Musik bringt Ihnen dann die Anna Mokka und Likör aus Triest.

GRAF RIEDER
Was mich wundert ist, daß man mich noch nie gfragt hat, warum ich jedes Jahr auf genau derselben Stell sitz wie heut.

Die am Tisch Verbliebenen wissen keine Antwort.
Er zeigt auf eine Gruppe von Frauen, die in einiger Entfernung bei der Tanzfläche stehen, und von Anna den Likör bekommen. Hinter ihnen senkt sich die Sonne gegen den Horizont.

Und warums immer dort den Likör gibt?

Auch das weiß niemand zu beantworten.

Dann kommt einmal einer her zu mir.

Magdalena ist neugierig.

Ein Mann würds vielleicht besser verstehen, aber warum nicht.

Magdalena tritt an ihn heran. Aus dem Blickwinkel des Grafen werden die auf den Likör wartenden Damen von der dahinterstehenden Sonne durchleuchtet.

So weiß ich immer, welche einen Unterrock anhat, welche zwei oder drei, und welche keinen. Die, die keinen anhaben, werden von Jahr zu Jahr mehr.

Man hat sich umgedreht, um die auf diese Weise entkleideten Damen zu sehen.

Von euch aus geht das nicht. Nur von dem Platz. Und auf dem sitz jetzt ich.

Man lacht dem schrulligen Grafen zu, der Magdalena auf einen Sessel neben sich gezogen hat. Sie sieht zu Schubert herüber und versucht ihm mit ihrem Blick ihre Zuneigung zu zeigen. Schubert glänzt vor Freude und vom Wein.

OFF / VOM ZUFAHRTSWEG
Lärm einer Kutsche.
Freudvolles Aufschreien von Gästen.

Schubert wendet sich um. Zwei Kutschen fahren den Zufahrtsweg an das Sommerhaus des Grafen heran. Einige Gäste laufen auf die Kutsche zu und dann nebeneinher, weil sie so schnell weiterfährt, als müßte sie nicht demnächst stehenbleiben. Die Kutsche wird jäh abgebremst, die Pferde bäumen sich auf. Einige Gäste versuchen einen Blick ins Innere der

Kutsche zu erhaschen, deren Vorhang noch geschlossen ist. Eine Tür geht auf und ein Musiker mit seinem Instrument steigt aus.

EINE FRAU
Ist er das schon?

IHRE NACHBARIN
Nana, der Strauß hat einen ganz schmalen Arsch. Sowas Schönes hast noch nicht gsehn.

Eine jüngere Frau umarmt stellvertretend für die Angekommenen eines der Kutschenpferde und küßt es auf das feuchte Maul. Schubert verfolgt das Treiben von seinem Platz aus.
Endlich klettert Johann Strauß aus seiner Kutsche. Man greift mit den Händen nach ihm oder weicht respektvoll zurück. Strauß läßt sich beklatschen. Seine Musiker sind inzwischen unterm Baldachin, haben ihre Instrumente ausgepackt und halten sie bereit. Schubert wendet sich zu Magdalena um.

SCHUBERT
Der macht sich, der Strauß. Das letztemal, wie ich ihn ghört hab, hat er einen neuen Walzer nach dem anderen gspielt. Lauter gute Musik.

Strauß macht ein paar eilige Schritte zu seinen Musikern und gibt den Einsatz für den ersten Walzer.

MUSIK
Straußwalzer

Er selbst spielt wie ein Rasender auf der Geige dazu. Die Leute hasten auf die Tanzfläche. Frauen und Männer finden einander schnell und lassen diesen neuen Rhythmus in ihre Körper strömen.

Die Kinder, die nicht mittanzen, beäugen die Schlange in der Flasche. Sie windet sich in dem engen Gefängnis, dessen Glaskörper wie ein Brennglas wirkt. Durch die Musik entsteht der Eindruck, als tanze sie. Ein Nichttänzer setzt sich unauffällig auf den Sessel neben Magdalena. Magdalena gegenüber tut er so, als sei er hier, um sich auszuruhen. Sie aber läßt ihn bei seinen Blicken zur Tanzfläche nicht in Ruhe bis er aufsteht und geht.
Nun nimmt die Kamera die Position neben Magdalena ein und zeigt, daß unter den tanzenden Frauen in diesem Jahr noch mehr sein dürften, die einen Unterrock für überflüssig oder störend halten.

MAGDALENA
(zu Schubert)
Tanzen mir?

Schubert verneint.

Wollen Sie mich nicht?

SCHUBERT
Ich kann nicht tanzen. Wollen tät ich schon. Noch dazu bei einer so herrlichen Musik.

Schubert wagt heute sein zweites Kompliment.

Und mit einer so schönen Frau.

Er trinkt sein Glas leer. Magdalena greift über den Tisch nach seiner Hand. Schober tanzt mit seinem aus dem Zweisitzer entführten Mädchen. Es hat nun überhaupt keinen Schuh mehr, und läßt sich von ihm zum schneller werdenden Rhythmus führen.

MUSIK
Ende des Walzers.

Strauß verläßt seine Musiker. Die Gesellschaft ruft nach Weitermachen. Strauß setzt sich aber hin und läßt sich auftischen. Anna ist ganz aufgeregt, ihn bedienen zu dürfen. Schubert schaut zu Strauß, der auch zu ihm hersieht, ihn aber nicht kennt. Schubert nickt ihm zu. Strauß ist aber schon bei seiner Stelze.
Die Kinder, die ihre Sänfte nicht verlassen dürfen, haben mit dem Besteck ein Loch in die Bespannung gebohrt, sodaß sie jetzt wenigstens einen Blick auf die Schaukeln am Ufer werfen können. Dort allerdings sind die Erwachsenen am Zug. Die Frauen lassen sich von ihren Kavalieren hoch gegen den Himmel hinaufstoßen. Sie genießen den kühlenden Luftzug nach dem schnellen Tanz und das Gefühl des Fliegens auf den Schaukeln, die in ihren Endpositionen über dem Wasser jeweils für einen kurzen Augenblick stehenbleiben. Am anderen Ende des Pendelausschlags freuen sie sich über die begehrlichen Blicke ihrer Begleiter unter ihre Kleider.
Schubert läßt sich ein eben geleertes Glas nachfüllen und prostet zuerst Magdalena und dann wie einem Verbündeten seinem Freund Schober zu.

Ein gutes Stück von der Tafel und der Tanzfläche entfernt, sind die Männer dabei, das Feuer unter dem Ballon zu schüren. Langsam bläht sich die Seidenstoffkugel auf.
Schubert ist schon leicht betrunken,

aber auch vom Glück, das er heute bei einer Frau hat.
Magdalena hat sich nach einem um Unauffälligkeit bemühten Blickwechsel mit Schober, der vom Tanzen erhitzt an den Tisch gekommen war, wieder neben Schubert gesetzt.

MAGDALENA
Wenn Sie halt endlich du zu mir sagen täten.

SCHUBERT
Gern. Aber der Übergang vom Sie zum Du ist so schön und das möcht ich recht lang auskosten.

Magdalena lacht ihn an.

Schubert hat nun schon genug getrunken, sodaß er redseliger wird und seine Hemmungen vergißt.

SCHUBERT
Daß noch keine Zensur für Stelzen gibt wundert mich eigentlich. Weil die geistige Nahrung wird für uns ja wirklich akkurat ausgsucht.

Er merkt nicht, daß er Rieder als Zuhörer hat.

Wie soll da einer noch eine Oper schreiben, wenn die Zensur jedes Wort verbietet.

Schubert trinkt.

Ihnen, Magdalena, tät ich gern was widmen. Ein Quartett, eine Sinfonie. Man muß ja von Glück reden, daß man uns die Musik noch laßt.

Rieder mischt sich ein.

GRAF RIEDER
Hat der Herr vielleicht etwas zu verbergen, weil er die Zensur so fürchtet?

Schubert sieht Rieder an.

Oder dauert Ihnen der Frieden schon wieder zu lang.
Wie alt sinds denn, wenn man fragen darf.

SCHUBERT
Dreißig.

GRAF RIEDER
Und im Franzosenkrieg noch ein Kind. Da könnens natürlich nicht wissn, wie schrecklich das war. Jetzt haben wir endlich eine Ruh.

SCHUBERT
Eine Fäulnis ist es.

OFF / VOM PLATZ DER MUSIKER
Die nächsten Strauß-Walzer.

Die Leute laufen wieder zum Tanz. Magdalena würde das auch am liebsten tun, bleibt aber bei Schubert.

SCHUBERT
Es ist kein Leben, wenn man für den Kaiser beten muß, ihn fürchten, Steuern zahlen und den Mund nicht aufmachen darf.

GRAF RIEDER
Unsereins gehts von Tag zu Tag schlechter. Aber euch ist es noch nie so gut gangen wie heut. Und wenn Sie schon mein Gast sind, möcht ich Sie bitten, ein bißerl vorsichtiger zu sein mit den Redn. Wer weiß, welche Ohren heut wieder herumspionieren. Gehns lieber tanzen, wenns schon eine so reizvolle Begleitung haben. Oder glauben Sie, daß die Freud im Leben was Schlechtes ist. Sind wir

froh, daß es einen Strauß gibt, (mit Blick auf Schober, der schon wieder tanzt) oder einen Schubert. Von mir aus sollen die beiden mit ihrer Musik die Leut von ihren Sorgen wegbringen. Das find ich tausendmal gscheiter als einen wie Sie, der bei der Zensur um seine Oper zittert. Es ist schon richtig, wenn man sagt, daß wir keine Genies brauchen, dafür aber ein anständiges Volk.

Rieder hat sich erregt.

So, und seins mir nicht bös, wenn ich mich so aufreg. Aber ich habs halt nicht gern, wenn man so aufs Leben schimpft. Sie sind noch jung, da werdens des nicht verstehn. Aber ich muß schon dazuschaun. Für mich ist jedes Jahr ein Geschenk.

Rieder steht auf.

Und bitte, trinkens nur recht viel von meinem Wein, weil ich Ihnen sagen muß, daß der wirklich sehr gut ist. Dann werdns vielleicht ein wenig gmütlicher.

Rieder geht.
Magdalena beginnt zu lachen.

MAGDALENA
Also, nimm dir ein Beispiel am Schubert.

Strauß steigert das Tempo des Walzers. Auf der Tanzfläche ist Schober allein mit seinem bloßfüßigen Mädchen. Die anderen schauen zu, wie Schober es wagt, seine Partnerin zu drehen. Jedesmal geht ein Aufschrei einer lusterfüllten Zustimmung zum Brechen eines Tabus durch die Runde. Strauß malträtiert seine Geige. Schober umfaßt das Mädchen und zieht es im Drehen langsam an

8. Bild: Am Teich *Außen / Tag*

sich. Die Umstehenden sind ganz außer sich, daß es da einer wagt, nicht so gesittet und mit respektvollen Abstand zum Partner zu tanzen, wie sie es immer tun.
Schober ist in Hüfthöhe vom Körper des wie in einer Extase tanzenden Mädchens nur noch einen kleinen Zwischenraum entfernt, auf den die Gäste ihre Blicke heften. Eine Mutter hält ihrem Kind die Hand vor die Augen. Schubert nützt den Augenblick des Unbeobachtetseins und küßt Magdalena. Schober preßt endlich seine Partnerin an sich. Die Menge schreit in einer langersehnten Erfüllung auf und stürmt auf die Tanzfläche, um es Schober gleichzutun.
Schubert löst sich vom Mund Magdalenas.
Zwischen den Bäumen wird der langsam aufsteigene Heißluftballon sichtbar. Der leichte Wind läßt ihn über den Teich fahren. Er steigt höher und höher. Erst jetzt ist zu sehen, daß er den Widder als Passagier trägt. Seine Beine hängen herunter. Er ist festgebunden und kann sich nicht rühren. Sein Maul ist aus Angst voll mit Schaum.

MUSIK
Beginn eines neuen Strauß-Walzers.

Der Ballon steigt höher und wirkt schwerelos wie der Walzer.

ADAGIO

OFF / VOM FEST
Lachen, Rufen, Walzer.

Schwind sitzt vor seiner Staffelei. Neben ihm steht Schubert. Man merkt ihm die Betrunkenheit schon an. Schwind hat der Rausch des Künstlers erfaßt. Er ist dabei, sein Bild von einem riesigen, aber auch schon dürren Baum zu vollenden. Die einbrechende Dunkelheit macht es ihm immer schwerer, das kirchenhohe Vorbild in allen Einzelheiten zu erkennen. Für ihn ist es ein Wettlauf gegen die Finsternis. Seine Bewunderin Maria sitzt geduldig neben ihm.

SCHWIND
Geh, Maria, bring mir bitte schnell ein Kerzenlicht.

Maria läuft zum Fest hinüber. Die beiden sind allein.

SCHUBERT
Was hast du gegen die Magdalen?

Schwind redet, ohne seine Arbeit zu unterbrechen.

SCHWIND
Ich kenn sie nicht. Drum weiß ich auch nicht, ob sie eine Hur ist oder nicht.
Aber Franz, verstehst denn nicht, daß wir für die Kunst bestimmt sind. Du mit deinem Talent ja noch viel mehr als ich.

Schwind muß sich immer mehr anstrengen, den in die Dunkelheit tauchenden Baum zu erkennen.

Wo bleibt denn die Maria!

Schwind fällt in der Eile ein Zeichenstift zu Boden. Er sucht ihn hastig, findet ihn. Er setzt zu den nächsten Strichen an.

Außerdem kannst uns du nicht so einfach verlassen. Du bist sowas wie eine Hoffnung.

SCHUBERT
Soll ich denn deswegen keine Frau anschauen dürfen.

Maria kommt mit einer brennenden Kerze zurück.

SCHWIND
(zu Maria)
Geh, halt mirs so zum Papier her, damit ich wengsten da noch was seh.

Im Licht der Kerze flammt der von Schwind gezeichnete Baum auf. Schwind muß jetzt allerdings, weil ihn diese Helle blendet, immer ein paar Schritte nach vor gehen, um die letzten Spuren des verschwindenden Baumes noch erkennen zu können.

SCHUBERT
Sie liebt mich, Schwind, stell dir das vor.

SCHWIND
Die ist deiner nicht würdig, Franz. Denk daran.

SCHUBERT
Ich glaub eher, ihr seids es nicht wert, daß ich mich noch länger von euch traktieren laß.

Schwind muß nun aufgeben. Die letzten Striche macht er aus der Erinnerung.

SCHWIND
Schau, Franz, ich habs geschafft. Es ist ein Sieg über die Natur. Wie gfallts dir?

Schubert dreht sich um und wankt zum Fest hinüber.

Maria, wie gfallts dir?

Maria tritt nahe ans Bild heran. Das Licht der Kerze und die Reflexion vom Blatt zeigt ihr Gesicht, das auch Schwind als vollkommene Schönheit erlebt. Noch bevor Maria etwas sagen kann, nimmt er sie in den Arm.

10. Bild: Am Teich — Außen / Nacht

PRESTISSIMO

MUSIK
Ein schneller Strauß-Walzer

Im Licht von unendlich vielen Kerzen wird gefeiert, getrunken und getanzt. Die Nacht läßt das Fest neu erscheinen: von der Landschaft ist nichts mehr zu sehen, die nahen Bäume wirken wie Riesen, und die Gebüsche wie Dämonen aus der Sagenwelt. Das Kerzenlicht hat die Gesichter der Feiernden vollkommen verändert. Die Herumstreichenden sehen aus wie Fledermäuse in Menschengröße, die Tanzenden wie ein glühender Klumpen der Wollust.
Strauß scheint nur noch aus seiner Geige zu bestehen, auf der er spielt, als wollte er sie zerstören.
Die nymphenhaft herausgeputzte Tochter der Gräfin Rieder hält sich mit der ganzen Kraft ihrer sieben Jahre an Schober fest, und tanzt mit ihm zwischen den anderen, von denen keiner seinen Partner nicht fest umklammert. Man stampft mit

den Füßen und schreit, sodaß von der Musik manchmal nichts mehr zu hören ist. Die Gräfin Rieder umkreist die Tanzfläche, um ihr Kind nicht aus den Augen zu verlieren. Ihr ist anzusehen, wie gern sie an Stelle ihrer Tochter auf Schober hängen würde. Ein paar Knöpfe ihres Kleides sind offen, sodaß jetzt auch ihre Schultern nackt sind. Magdalena tanzt auch. Aber sie läßt ihren Partner los und kommt zu Schubert. Ein kleiner Bub ahmt Strauß nach. Magdalena will mit Schubert tanzen, es werden aber nur ein paar unbeholfene Schritte. Auf der langen Tafel zittern zahllose volle, halbleere und leere Flaschen im stampfenden Rhythmus der Musik. In ihnen spiegeln sich die Kerzen.
Spaun bereitet mit zwei Helfern ein Feuerwerk vor. Ein Liebespaar liegt im Kahn der Schubertianer.

MUSIK
Ende des Strauß-Walzers.

Man tanzt noch weiter, weil man im eigenen Lärm schon lange keine Musik mehr gehört hat. Nur wenige Paare verlassen die Tanzfläche. Nach und nach merken auch andere, daß es da keine Musik mehr zum Tanzen und Mitschreien gibt, und fallen auseinander. Schober bringt der herumstreunenden Gräfin das Kind zurück, für das sie sich aber nicht weiter interessiert. Sie faßt ihn am Arm.

GRÄFIN RIEDER
Mein liebster Schubert, spieln doch Sie weiter.

Schober will ablehnen, die Gräfin aber bleibt bei ihrer Idee.

Schober sucht Schubert und findet ihn bei Magdalena. Schubert umarmt in seinem Gefühl, die ganze Welt lieben zu können, seinen Freund Schober.

SCHUBERT
Wie in den alten Zeiten, Franz.

Wenn es dir ja nur so gut geht wie mir.

Schober sieht, ohne daß es Schubert bemerkt, zu Magdalena, die das Glück des kleinen Mannes zu erschüttern scheint.

SCHOBER
Franz, wegen der dummen Verwechslung bin ich jetzt in einer Verlegenheit.

Schober zieht Schubert von Magdalena weg.

SCHUBERT
Und ich Narr hab schon glaubt, daß mich nie mehr eine Frau gern haben wird.

Schober hat andere Sorgen.

SCHOBER
Ich soll was spieln, Franz.

Wenns dir recht ist, tät ich gern sagn, daß du soetwas wie mein persönlicher Pianist bist. Ich kann ja nicht einmal mehr die Tonleiter.

Schubert bleibt stehen.

SCHUBERT
Du bist vielleicht ein Gfriß. Was solls denn sein?

Schober ist erleichtert.

SCHOBER
Wurscht.
Der Vogl wart auch schon drauf, daß er singen darf.

SCHUBERT
Wärst du auch dagegen, wenn es mit mir und der Magdalena ernst werden tät?

Schober verneint. Schubert dreht sich um und geht, um Vogl zu suchen. Magdalena kommt an Schober heran. Sie sieht Schubert nach, der Vogl gefunden hat.

SCHOBER
Du hast ihm ganz schön den Kopf verdreht.

Magdalena schweigt. Gräfin Rieder macht ihre Gäste aufmerksam, daß jetzt etwas von Schubert gespielt würde.
Schubert setzt sich ans Klavier, Vogl stellt sich dazu.

LIED
„Nachtstück“ (D 672)

Die lärmende Gesellschaft wird nach und nach ruhiger und hört zu.

SCHOBER
So wie heut hab ich ihn schon lang nicht mehr gsehn.

Magdalena zieht einen Geldschein heraus und hält ihn Schober hin.

MAGDALENA
Da hast es zrück. Ich mach nimmer mit.

Einige Gäste gehen zu Schubert und Vogl hinüber.

SCHOBER
Was heißt, du machst nicht mehr mit. Willst vielleicht noch mehr?

Schober ist es unangenehm, daß man sieht, wie ihm Magdalena den Geldschein hinhält.

MAGDALENA
Anlügen kann ich ihn nicht länger.

Schober nimmt die Hand Magdalenas, um das Geld zurückzustecken.

SCHOBER
Siehst denn nicht, wie selig er ist?

MAGDALENA
Das ist kein Freundschaftsdienst mehr, was du da machst.

Schubert merkt, daß sein Freund Schober wieder bei Magdalena steht. Magdalena weicht seinem Blick aus. Schober drückt Magdalena einen weiteren Geldschein in die Hand.

SCHOBER
Glaub mir, morgen hat er schon alles vergessen. Aber laß ihn heut nicht im Stich.

MUSIK
Ende des Liedes.

Die Gäste applaudieren zu Schober her. Schober verneigt sich. Magdalena nimmt das Geld und verläßt Schober. Schubert freut sich, daß sein Lied von der ausgelassenen Gesellschaft so gut aufgenommen worden ist. Hüttenbrenner bringt ihm ein Glas Wein.
Spaun hat sich von einem der erschöpften Tanzmusiker eine Geige geborgt. Er tritt ans Klavier.

SPAUN
Geh, Franz, spieln mir noch was aus deiner neuen Fantasie. Das gfallt bestimmt.

Die beiden beginnen zu spielen. Vogl, der nun nicht mehr singen darf, geht schmollend ins Publikum hinunter, wo man ihm Bewunderung entgegenbringt.

MUSIK
Fantasie in C-Dur für Klavier und Violine (D 934)

Schubert schaut suchend ins Publikum, um Magdalena zu finden. Er entdeckt sie zwischen den kerzenbeleuchteten Menschen. Sie vermeidet es, ihm in die Augen zu schauen, kann aber dann doch seinem Blick nicht entgehen. Magdalena bringt sogar ein Lächeln zustande.
Die Gäste sind von der Musik ergriffen. Einige haben Tränen in den Augen. Auch Strauß ist zutiefst ergriffen.
Schober wird wie ein Wesen aus einer anderen Welt bestaunt, da er doch diese Musik geschrieben hat. Strauß nähert sich langsam Schubert. Schubert sieht nur seine Magdalena, die sich plötzlich umdreht und zwischen den Menschen verschwindet. Er will sie nicht aus den Augen verlieren, kann sie aber erst entdecken, während sie an der Festtafel vorbeigeht.
Schubert hört auf zu spielen und steht auf. Spaun sieht ihn fragend an, spielt aber weiter. Schubert verläßt seinen Platz, um Magdalena zu folgen. Schubert zwängt sich durch die Menschen. Er geht an Strauß vorbei und auf Schober zu.

SCHUBERT
Hast du vielleicht Magdalena was gsagt, weil sie jetzt davonrennt?

Schober verneint.
Schubert glaubt ihm nicht.

SCHOBER
Vielleicht aber soll ich dir was sagen.

Schober sieht seinen Freund Schubert an.

OFF / VOM MUSIKPLATZ
Spauns einsames Geigenspiel zerfällt langsam und stirbt.

Schober hat nicht den Mut, Schubert die Wahrheit zu sagen.
Schubert läßt Schober stehen und geht in die Richtung, die Magdalena gegangen war.

STRAUSS *(eher zu sich)*
Das ist doch der Schubert!

Einige Umstehende haben in der Stille diese Bemerkung gehört. Sie sehen Strauß fragend an.

11. Bild: Beim großen Baum — Außen / Nacht

ADAGIO

OFF / VOM FEST
Musik, Lachen, Schreien, Ausgelassenheit.

Schubert begegnet Schwind, der ihm, Maria eng umschlungen, entgegenkommt.

SCHUBERT
Hast die Magdalen gsehn?

Schwind zeigt zum großen, dürren Baum, der jetzt vom Nachthimmel und von den unzähligen Kerzen schwach beleuchtet wird. Schwind, seine Staffelei unterm Arm, geht mit Maria zum Festplatz. Schubert findet Magdalena.

SCHUBERT
Da sind Sie ja.

Magdalena wendet sich ihm zu und versucht ihre Rolle weiterzuspielen.

Hat Ihnen meine Musik nicht gfallen?

Magdalena streicht durch seine durcheinanderstehenden Haare.

MAGDALENA
Deswegen hab ich ja weg müssen, weil sie mich so ergriffen hat.

Schubert glaubt ihr.

Warum spielns denn nicht weiter?

SCHUBERT
Weil ich bei Ihnen sein möcht.

Magdalena dreht sich weg und geht die paar Schritte zum Teich.

MAGDALENA
Haben Sie denn keine Frau, die zu Ihnen ghört?

Schubert folgt ihr.

SCHUBERT
Sie.

Der Alkohol, den Schubert in sich hat, beginnt stärker zu wirken. Er hat eine andere Sprache und auch keine Hemmungen mehr, Magdalena zu berühren. Schubert bringt Magdalena dazu, sich mit ihm auf den weichen Boden zu setzen.

MAGDALENA
Ihre Freund haben Sie sehr gern.

SCHUBERT
Kennen Sie den Schober schon lang?

MAGDALENA
Den kennt doch jeder.

Magdalena merkt Schuberts Eifersucht.

Aber wenn einer nur schön ist, ist es auch nichts.

Schubert sieht Magdalena an.

SCHUBERT
Mögens mich wegen der Musik? So wie die andern, denen meine Musik gfallt und mich halt dazunehmen, weils anders nicht geht?

MAGDALENA
Jetzt tuns mir unrecht.

SCHUBERT
Vielleicht, Magdalen, haben Sie mich gern. Aber haben Sie mich auch lieb?

MAGDALENA
Sehr.

Magdalena hat das ehrlich gemeint, begreift aber im gleichen Augenblick, welche Folgen das haben kann. Sie weicht aus und schaut zum Fest hinüber.

Die werden sich schon fragen, wo mir sind.

SCHUBERT
Jetzt wärs mir schon sehr recht, wenn wir Du sagen könnten.

Schubert nimmt ihre Hand.

SCHUBERT
Sie haben auch so schöne Händ.

Schubert fällt nicht auf, daß er noch beim „Sie" ist. In einem Bedürfnis nach Ehrlichkeit und Vertrauen läßt er ihr seine Hände ansehen.

Über meine haben schon viele gelacht. Als könnt ich was dafür, daß die Finger so kurz blieben sind.

Magdalena betrachtet seine Hände.

Sie haben sich nicht lustig gmacht.

Magdalena berührt seine kurzen, dicken Finger.

Fürs Klavier sinds ja wirklich nicht sehr praktisch.

Magdalena küßt seine Hand.

Ich hab Sie sehr lieb, Magdalen.

Schubert berührt mit seiner ungestalten Hand Magdalena.

OFF / VOM FESTPLATZ
Die Tanzmusik hört auf.

11. Bild: Beim großen Baum *Außen / Nacht*

Schubert will Magdalena küssen. Vom Festplatz steigt zischend ein Feuerwerkskörper hoch. Er explodiert an seinem höchsten Punkt und ein gleißender Regen erhellt die Baumlandschaft. Magdalena will sich von Schubert losmachen.

MAGDALENA
Schauns, die Raketen!

Schubert interessiert nur Magdalena, die aber seinem Mund ausweicht. Ein roter Stern explodiert am Himmel. Magdalena hält Schubert zurück.

Wir sollten rübergehen.

Schubert aber will sein Begehren nicht zügeln. Er küßt Magdalena. Sie möchte sich aufrichten. Weitere Feuerwerkskörper jagen in den Himmel.

Hör auf.

Schubert läßt los. Er sieht sie an. Sie schweigt.

SCHUBERT
Sei ehrlich, du willst nicht mich, sondern den Schober.

Magdalena verneint.

Ihr steckts doch schon den ganzen Tag die Köpf zsammen.

Magdalena will aufstehen. Schubert hält sie zurück.

MAGDALENA
Nichts stimmt.

SCHUBERT
Aber ich sehs doch, Magdalen.

MAGDALENA
Du tust ihm unrecht.

Magdalena schwankt zwischen Mitleid und Zuneigung, und der Wahrheit andererseits. Sie berührt ihn mit ihrer feinfühligsten Zärtlichkeit, als

wollte sie ihn jetzt möglichst wenig verletzen.
Ein Feuerwerkskörper verglüht tonlos, ohne explodiert zu sein, am schwarzen Himmel.

Wir beide haben dich sehr lieb. Und er noch viel mehr.

Schubert glaubt ihr nicht.

Vielleicht ist eh besser, wennst es weißt.

Schubert findet seinen Verdacht aufs neue bestätigt. Sie zeigt ihm Schobers Geld.

Er wollt einfach, daß du nicht so allein bist. Mir wars ja auch nicht recht, aber soviel Geld kriegt man nicht immer.

Schubert begreift allmählich.

Sei ihm nicht bös, er hats ja nur gut gmeint.

Am Himmel detonieren hintereinander in großer Höhe einige riesige Feuerwerkskörper. Der Wald leuchtet in allen Farben auf.

Ich gebs ihm zurück. Und ich sag bestimmt keinem was. Es ist ja nichts passiert.

Schubert starrt sie an. Magdalena will sich aufrichten.

Komm, sonst verpassen mir noch das ganze Feuerwerk.

Schubert rührt sich nicht.

Wennst willst, leg ich mich die ganze Nacht zu dir.

Schubert sieht sie an.

Lieb haben wir dich alle, hörst!

Magdalena steht auf. Sie geht am Baum, den Schwind gezeichnet hatte, und der jetzt im Licht des Feuerwerks wie ein alles überragendes Bauwerk aussieht, vorbei zum Fest-

platz hinüber. Sie beeilt sich, um ihm nicht ihre Tränen zeigen zu müssen. Schubert sitzt regungslos da.

12. Bild: Über dem Fest / Im Teich — Außen / Nacht

VIVACE

Die Kamera zeigt das Fest von hoch oben. Die Menschen starren herauf zu den Feuerwerkskörpern, die knapp unter der Kamera zu den verschiedensten Formen, Farben und Figuren zerplatzen.

O-TON
Die Detonationen sind jetzt sehr laut und ohne Verzögerung zu hören.

Das bengalische Feuer taucht weite Teile des Waldes und des Teiches in ein sagenhaftes Licht. Die Menschen unten verschmelzen mit den Sprühregen und den Feuerkugeln. Ein Feuerwerkskörper explodiert nicht, glüht nur. Er sinkt langsam an seinem Fallschirm zur Erde zurück. Die Kamera folgt ihm durch das Blitzgewitter und zeigt zuerst die heraufschauenden Menschen, dann die näherkommenden Baumspitzen. Der glühende Brennsatz verändert seiner Füllung entsprechend die Farben und schwebt auf den Wald zu. Im Geäst des großen, von Schwind gemalten Baumes verfängt sich der Fallschirm. Die Kamera setzt die Bewegung nach unten bis zu dem noch immer bewegungslos dasitzenden Schubert fort.

Sie zeigt die Verzweiflung in seinem Gesicht, das die explodierenden Feuerwerkskörper gespenstisch beleuchten.

OFF
Zu den Detonationen kommt das Knistern eines beginnenden eiligen Feuers.

Die Kamera fährt weiter von Schubert zurück, der als leblose Figur am Ufer sitzt. Nun wird sichtbar, daß der riesige, wie ein unendliches Bauwerk wirkende Baum durch den Brennsatz Feuer gefangen hat. Ein Teil steht schon in Flammen, die immer weiter nach den dürren Ästen greifen.

MUSIK
Streichquartett Nr. 15 in G-Dur (D 887).

Im Wasser des Teichs spiegelt sich das Feuer, das nun den ganzen Baum erfaßt und einhüllt. Die ersten brennenden Äste fallen zu Boden, knapp neben Schubert, sodaß er nicht länger bleiben kann. Auch die Hitze wird unerträglich. Schubert steht auf. Ein großer Ast stürzt hinter ihm herunter, sodaß er nur noch zum Teich her ausweichen kann. Er erlebt den Brand wie in Trance, vielleicht hält er ihn auch zum Feuerwerk gehörig. Schubert watet in den Teich. Die Gäste laufen zum brennenden Baum herüber, da ihnen dieses Schauspiel noch mehr Vergnügen, als das der langweilig gewordenen Raketen bietet.
Schubert stolpert im seichten Wasser umher, die Gäste am Ufer sind von diesem Naturschauspiel so angetan, daß sie ihn nicht bemerken.

O-TON
Zur Musik das donnerähnliche Rollen des Feuers.

Schubert fällt hin, zieht sich hoch, sucht nach einem Weg. er dreht sich zum Ufer um. Dort schüttet man in einer der Tollheit ähnlichen Berauschung aus Flaschen und Gläsern Wein in die Flammen. Als Silhouette ist der auf seiner Geige spielende Strauß zu sehen. Schubert wird seiner unattraktiven Hand, die noch vor kurzer Zeit Magdalena gestreichelt hat, ansichtig und taucht sie ins rotgelbfarbene Wasser, als könnte er sie in dieser Glut vernichten. Neben Strauß und den anderen ist auch die unverwechselbare Gestalt Schobers zu sehen, der wie ein Zirkusdirektor mit einer Pferdepeitsche die Flammen dirigiert.
Schubert schreit:

SCHUBERT
Ich bin Schubert. Ich bin Franz Schubert. Franz Schubert.

Schubert wird am Ufer nicht gehört. Im Wasser um ihn herum spiegelt sich der brennende Baum, die Elemente vermengen sich.

Ende der Musik.

ANDANTE

O-TON
Stille.
Nur leises Rauschen der Bäume.
Fallen von Herbstblättern.

Die vom Teich aufsteigende Luft läßt alles undurchdringlich und grau erscheinen. Die Festtafel ist noch vollgeräumt und feucht vom Tau. Überall abgebrannte Kerzen, aber einige brennen noch.

Die feuchte Luft am Kerzenrand zischt.

Der Widder, den man am Vortag in den Himmel geschickt hatte, zieht futtersuchend hinter sich ein Fädengewirr her, in das sich wieder kleine Äste und Blätter verfangen haben. Schubert kommt ans Haus heran. Sein Anzug ist schmutzig und feucht.

OFF
Ein immer sich wiederholendes Quietschen.

Von den Gästen ist kein einziger zu sehen. Die Schaukeln an den kräftigen Ästen am Ufer bewegen sich leicht.
Schubert versucht durch ein Fenster ins Haus zu schauen und geht dann hinein.
Die in der Flasche gefangene Schlange auf den Festtisch ist zu Tode erstarrt und erstickt.

ANDANTE

Hier, wo es kaum wärmer ist, haben die Gäste in der Nacht Zuflucht gesucht. Sie liegen auf Matratzen, auf dem Boden, mit Decken zugehüllt oder frei, wie sie der Schlaf erwischt hat.
In einem anderen Raum, den Schubert auf der Suche nach Leben betritt, sind einige Betten, in denen zwei, drei oder vier zusammen schlafen, in Umarmungen oder in sich gekrümmt, manchmal nur Männer, dann wieder mit Frauen.
Auf dem Tisch liegen einige Skizzen von Schwind. Sie zeigen, was Schubert versäumt hat. In einer Frau auf einem Blatt glaubt Schubert Magdalena im Arm eines Unbekannten zu erkennen. Auf den weiteren Blättern ist die zunehmend unkontrolliertere Hand Schwinds zu spüren, die dann nur noch Kritzeleien zustande gebracht hat. Ohne Decke, in einem Bett, liegt die kleine Tochter der Gräfin Rieder. Ihre Schultern sind noch immer nackt. Sie zittert vor Kälte im Schlaf.
Schubert entdeckt Magdalena. Sie hat sich einen Platz in einer Ecke gesucht. Sie schlägt kurz die Augen auf, nimmt aber nichts wahr. Sie dreht sich um, um weiterzuschlafen.

LARGO

Der Nebel liegt immer noch schwer und abweisend wie ein naßer Kotzen auf dem Teich und auf dem Wald.

OFF
Das Quietschen von vorhin.

Schubert sitzt am Ufer, als einer, der nicht zu den anderen gehört.

Der Holzkäfig des Eichkätzchens steht offen. Die kleine Tür bewegt sich im leichten Wind hin und her. Die Lederscharniere quietschen, wie man es schon die ganze Zeit gehört hat.
Schubert versucht irgendetwas vom jenseitigen Ufer zu erkennen, aber der Nebel macht es unmöglich.

OFF / VOM ANDEREN UFER
Das Glucksen des Teichwassers.

Schubert gibt nicht auf, in der Nebelwand wenigstens ein kleines Zeichen einer Hoffnung zu sehen.

OFF / VOM ANDEREN UFER
Ein paarmal hintereinander ist etwas zu hören, das wie das Eintauchen eines Ruders klingt. Vielleicht benützen unsichtbare Holzfäller oder Straßenbauer ein Boot oder ein Floß.
Die Geräusche klingen durch die feuchte Luft abwechselnd nah und dann wieder ganz fern.

Das Haus hinter ihm und die Wand vor ihm bleiben still. Als wollte er wenigstens eine zufällige Form erkennen, oder ein Gebilde seiner Fantasie, hört Schubert nicht auf, in das graue Einerlei zu starren.

Hinter die Nebelwand schiebt sich eine andere, eine dunklere. Oder ist es ein Schiff, das sich vom Meer hierher verirrt hat?

MUSIK
leiser Einsatz:
Klaviertrio in Es-Dur (Notturno) (D 897)

Die Nebelwand bleibt geschlossen. Es sieht nur für einen Augenblick so aus, als würde sie an einer Stelle heller werden.

Die Musik wird eine Spur lauter.

Der Nebel verläßt kaum merkbar die Wasseroberfläche. Aus dem Grau der Wand wird erahnbares Gelb.

Die Musik beharrt mit ihrer Schönheit.

Plötzlich dringt die Sonne durch, die schon ein gutes Stück überm Horizont steht. Wie eine Kulisse wird die Nebelwand beiseitegeschoben. Die Sonne strahlt auf das Haus und auf den verwüsteten Platz davor.

Die Schlange in der Flasche spürt die Wärme und beginnt aus ihrer Starre aufzuwachen.

Die Musik nähert sich ihrem Höhepunkt.

Die Landschaft, die nun Schubert jenseits des Teiches erlebt, ist von überwältigender Schönheit und Unendlichkeit.

Schubert sieht, was weder die Gäste am Tag davor, noch sonst jemals Menschen an großartiger Natur gesehen haben.

ENDE ZWEITER TEIL

Winterreise
Herbst 1828

Franz Schubert	Udo Samel
Josefa Schubert	Michaela Widhalm
Franz von Schober	Daniel Olbrychski
Moritz von Schwind	Gabriel Barylli
Josef Hüttenbrenner	Vitus Zeplichal
Joseph von Spaun	Florentin Groll
Johann Mayrhofer	Wolf-Dietrich Sprenger
Franz Lachner	Peter Strauss
Ferdinand Schubert	Wolfgang Hübsch
Ferdinands Frau	Monica Bleibtreu
Frau von gegenüber	Despina Pajanou
Dr. Rinna	Peter Simonischek
Pfleger	Justus Neumann
Pfarrer	Till Topf

ALLEGRO

Der Raum ist einfach eingerichtet: ein Bett, ein kleiner Schrank, beim einzigen, gassenseitigen Fenster ein Tisch, zwei Sessel, ein Waschtisch, darüber ein Spiegel. An der Wand zwei Bilder. Eines zeigt eine Waldschlucht, das andere ein Segelschiff auf dem Meer. Daß das Zimmer in einem Neubau ist, zeigen die noch ungetünchten, rauhen Wände, die an manchen Stellen feuchte Flecken haben. Der Raum ist etwa 4 mal 8 Schritte groß, fast so hoch wie breit, und liegt im 2. Stock.

Josefa (bekannt als Schuberts Halbschwester aus dem 1. Teil), nun 14 Jahre alt, ist dabei, das Zimmer besonders ordentlich herzurichten.

Wieder und wieder findet sie Staub, der weg muß, oder entdeckt, daß man das Fenster noch gründlicher putzen kann. Eine junge Katze trinkt aus der Wasserschüssel auf dem Waschtisch. Josefa verjagt sie.
Die Tür zum angrenzenden Wohnraum ist geschlossen.

OFF / VOM ANGRENZENDEN WOHNRAUM
Stimmen, zuerst entfernt und undeutlich, dann näher. Die von Franz Schubert ist schließlich zu erkennen.

SCHUBERT / *OFF*
Hast ein Glück ghabt, eine so schöne Wohnung.

FERDINAND / *OFF*
Leider nur für ein Jahr, leider. Dann ist sie trockengewohnt und viermal so teuer.

Josefa ist ganz aufgeregt. Wütend verjagt sie die Katze, die abermals aus der Waschschüssel getrunken hat. Die Tür zum angrenzenden Wohnraum wird geöffnet. Franz Schubert tritt herein, hinter ihm sein Bruder Ferdinand. Ferdinand ist 35 Jahre alt, Schubert wird in einem halben Jahr 32.

SCHUBERT
Jetzt sag nur nicht, daß das für mich ist?

FERDINAND
So ist es aber.

Schubert ist vom Zimmer sehr angetan.

SCHUBERT
Wirst sehen, da bin ich in ein paar Wochen schon wieder gsund. Da staubts wenigstens nicht. Frische Luft, wie der Doktor gsagt hat.

Die Katze huscht aus dem Zimmer. Schubert begrüßt Josefa mit einer kurzen Umarmung.

(zu Josefa)
Dank dir schön. Bist halt eine Gschickte.

FERDINAND
Komm Josa, lassen wir unsern Bruder allein, daß er sich ruhig umschaun kann.

Josefa würde lieber noch für ihre Mühe gelobt werden und hierblei-

ben, folgt aber dann doch Ferdinand hinaus, der die Tür leise schließt.
Schubert geht zum Fenster, von dem aus man in eine Gasse sieht, in der erst einige wenige Gründe verbaut sind. Er öffnet es. Zwischen den Häusern hat man einen Blick auf die freie Landschaft.

Schubert stellt sein Gepäck zu dem, das Ferdinand hereingetragen hat.
Aus seinem Rock nimmt er eine Pfeife, stopft sie und zündet sie an.
Von draußen strömt die milde Septemberluft ins Zimmer.
Schubert setzt sich aufs Bett und zieht, den kleinen Raum in sich aufnehmend, genußvoll an seiner Pfeife.
Am Fenster flattern Tauben vorbei.

2. Bild: Schuberts Zimmer **Innen / Abend**

VIVACE

Die Tür zum angrenzenden Wohnraum Ferdinands steht offen. Von herinnen ist Schubert zu sehen, der draußen auf dem Klavier seines Bruders aus der neuen Komposition spielt.

MUSIK
Sonate in A-Dur (D 959)

Im Zimmer versucht Josefa zum Klavierspiel ihres Halbbruders zu tanzen.

Schubert variiert ein Thema.

Josefa hat eine Ähnlichkeit mit ihrer Mutter Anna, aber keine mit Schubert. Sie bewegt sich sehr eindrucksvoll. Schubert hat das Wenige des Mitgebrachten schon ausgepackt. Über einem Sessel hängen Kleidungsstücke, unterm Kasten stehen einige Paar Schuhe. Vor sich auf dem Tisch hat Schubert, neben Stapeln von neuem und beschriebenem Notenpapier, eine Blechkanne mit Kaffee, eine zweite Pfeife, Federkiele, Spitzmesser, überall Tabakreste und ein dünnes Buch von James Fenimore Cooper.
Eine Karte mit einem Porträt von sich, und eine andere mit dem von Beethoven, hängen an der Wand der Fensternische. Josefa achtet darauf, bei ihrem Tanz von Schubert nicht gesehen zu werden, sodaß sie sich nur zwischen seinem Bett und einem Sessel bewegt.
Schubert unterbricht das Spiel, weil ihm eine Sequenz nicht zusagt, und kommt in sein Zimmer zurück. Josefa hält in einer Bewegung inne und kann gerade noch so tun, als hätte sie sein Bett aufgedeckt. Aber Schubert achtet ohnehin nicht auf sie. Er setzt sich an den Tisch, um weiterzuarbeiten. Er fügt in dem spärlichen Licht des vergehenden Tages Note an Note, streicht einmal eine halbe Seite durch und hat schon Mühe, überhaupt noch etwas zu sehen.
Josefa entzündet eine Kerze, und stellt sie Schubert auf den Tisch.

SCHUBERT
Dank dir, Josefa.

Schuberts Stimme ist belegt. Josefa

drückt sich noch herum, merkt aber, daß Schubert keine Zeit für sie haben wird. Sie verläßt das kleine Zimmer. Hinter sich her zieht sie ein kleines hölzernes Pferd auf Rädern.

O-TON
Das Laufgeräusch des Spielzeugs.

Schubert hat nicht gemerkt, daß Josefa das Zimmer verlassen hat.
Das Kerzenlicht zieht von der Gasse Insekten an, die die ersten kalten Herbstnächte überlebt haben. Sie prallen gegen die von Josefa so sauber geputzten Fensterscheiben oder klettern auf ihnen herum. Auch im Zimmer sammeln sich Fliegen um die Wärme des Kerzenlichts. Sie kennen die Gefährlichkeit der Flamme und weichen ihr aus.
Schuberts Augen zeigen, daß er vollkommen auf seine Arbeit konzentriert ist. Ab und zu feuchtet er mit der Zunge die trocken gewordenen Lippen an. Er atmet unregelmäßig, woraus man ungefähr auf den Rhythmus der Musik, die er gerade schreibt, schließen kann.

O-TON
Stille. Nur Schuberts Feder. Einmal werden ein paar willkürliche Töne auf dem Klavier in Ferdinands Wohnung angeschlagen. Das muß wohl Josefa sein.
Die Feder erzeugt auf dem Papier ein Geräusch, das dem eines Bogenstrichs über die Saiten eines Cellos nicht unähnlich ist. Jede der gemalten Noten hört sich anders an, je nachdem, wie intensiv Schubert in seiner Erregung aufdrückt, ob sich unter dem Papier eine Luftblase

befindet, ob die Federspitze voll frischer Tinte ist oder schon anfängt, trocken zu werden, ob Schubert schnell oder langsam eine Note malt, ob sie eine einfache oder eine komplizierte ist, die bei ihrem Entstehen dann wie ein langgezogener Schrei klingt. Dazwischen mischt sich das unregelmäßige Atmen Schuberts. Aus all diesen Geräuschen bildet sich ein eigenständiges Klanggebilde mit einem pulsierenden Rhythmus, eine „Sinfonie" der Geräusche, die nicht im entferntesten mit der Komposition von Schubert zu tun hat.

Schubert ist beim Niederschreiben seiner Einfälle aufs höchste erregt, er scheint ihrem Fluß mit dem Aufschreiben nicht mehr nachzukommen. Seine ohnehin kleinen Noten werden noch winziger und unleserlicher. Schuberts Hand zittert, aber auch sein ganzer Körper. Es sieht aus, als hätte er Angst, seine Vorstellungen zu verlieren, bevor er sie hingeschrieben hat. Seine Finger umkrampfen die Feder und drohen den Kiel zu zerdrücken.

Unter Schuberts unruhigem Körper knacken die Holzverbindungen des Tisches.
Das schnelle Aufeinander der Geräusche beim Schreiben der Noten ist zu einer Bewegung geworden, die immer schneller und lauter, einem Sog ähnlich wird.

Wenn Schubert ausatmet, flackert die Flamme der Kerze wie in einem Tanz zu einer Musik, die noch nicht zu hören ist.
Auch das helle Notenpapier zieht die

Fliegen an. Sie spazieren darauf herum, fliegen schnell auf, wenn ihnen die drängende Feder Schuberts zu nahe kommt, um sich dann wieder in die Nähe ihres alten Platzes zu setzen. Schuberts Füße, die nicht annähernd zum Boden reichen, bewegen sich im Rhythmus der Musik, die vorerst nur er hört.
Eine Fliege saugt am Tintentropfen einer frischgeschriebenen Note und putzt dann ihre Vorderbeine.

MUSIK
Einsatz / Fortsetzung der Sonate in A-Dur (D 959).

Ein paar Fliegen laufen, als hätte Schuberts Erregung sie angesteckt, auf dem Blatt, das Schubert mit Noten anfüllt, wild hin und her. Manchmal tappen sie in frische Tinte und hinterlassen dann auf dem Papier ihre Fußabdrücke oder eine feine Schleifspur. In Verbindung mit der Klaviermusik wirkt das Ganze wie ein Ballett, besonders dann, wenn zwei oder drei Fliegen wie hypnotisiert die fünf Notenlinien gleichzeitig entlanglaufen. Schuberts Hand will den Befehlen seines Gehirns nicht mehr gehorchen, sie bringt keine Noten mehr zusammen, aus ihnen wird unlesbares Gekritzel. Schließlich verspießt sich die Feder im Papier.

Schubert lehnt sich zurück. Der Rükken schmerzt ihn. Er trinkt vom kalten Kaffee. Durchs Fenster sieht er Menschen die Gasse entlanggehen. Im Haus gegenüber sind einzelne Fenster von Kerzenlichtern dämmrig beschienen. Die Menschen hinter

2. Bild: Schuberts Zimmer *Innen / Abend*

den Fenstern wirken in Verbindung mit der Musik nicht viel anders als die Fliegen. Schubert steht auf und beginnt schwankend zu fallen, wobei er den Sessel umwirft und den Tisch wegdrückt, sodaß die Fliegen erschrocken aufsteigen. Er schlägt auf dem Boden auf.

Schubert hat ganz nah vor seinen Augen die frischgehobelten Bodenbretter. Er versucht sich auf die Seite zu drehen und aufzurichten. Er muß alle Willenskraft zusammennehmen, um den unter ihm schwankenden Boden geradezuhalten. Die Tür zu Ferdinands Wohnung erscheint ihm hoch wie ein ewig aufsteigender Felsen, und das Bett wie am Ende eines riesigen Tanzsaales. Schubert drückt sich vom Boden ab. Der Boden dreht sich, sodaß er über seinem Kopf ist. Schubert hält seine Hände gestreckt, um von dieser umgestürzten Wand, die einmal der Fußboden war, nicht erschlagen zu werden. Sie kommt aber langsam und stetig näher und fällt dann auf sein Gesicht.
Schubert ringt nach Luft, dreht den Kopf beiseite. Unter der Tür zu Ferdinands Wohnung ist ein schmaler Lichtspalt.

OFF / VON FERDINANDS WOHNUNG
Schritte, undeutliche Stimmen.

Schubert versucht ganz ruhig zu sein, um nur ja nicht auf sich und sein Elend aufmerksam zu machen. Dann liegt er da, Blick zur Decke, die noch die rohen Schilfmatten zeigt, und die jetzt zum erstenmal zu sehen ist.

MUSIK
Als hätte jemand die Melodie vergessen, verschwindet nach und nach die Musik.

Schubert fühlt mit der Hand nach seinem blutenden Kopf. Es gelingt ihm, sich aufzurichten. Er steht unsicher auf den Beinen, geht zum Waschtisch und füllt aus dem Krug ein Glas mit Wasser. Er trinkt es, Schluck für Schluck, bis zur Hälfte leer. Er stellt das Glas neben die Schüssel, aus der die Katze getrunken hat. Die Kamera fährt nahe an das Glas heran. Die Oberfläche des Wasser glänzt silbrig und schwankt hin und her. Allmählich wird das Schwanken kleiner und kleiner.
Auf dem Gesims neben dem Fenster haben sich Tauben niedergelassen. Sie spazieren herum, suchen einen Schlafplatz, eine direkt vor Schuberts Fenster.

OFF / VON DRAUSSEN
Das Flattern der Tauben, Gurrlaute und das Kratzen ihrer Krallen auf dem Blech.

3. Bild: Schuberts Zimmer **Innen / Tag**

ANDANTE

Josefa sitzt auf Schuberts Bett und streichelt die Katze.

OFF / VOM TISCH AM FENSTER
Schlagen gegen Holz.

Josefa beobachtet Schubert, der an

seinem Arbeitsplatz beim Fenster sitzt und komponiert. Von hinten sieht er mit seinem gekrümmten Rücken noch gedrungener aus. Sein Fuß schlägt einen steten Rhythmus gegen ein Sesselbein.
Josefa fährt mit ihrer Hand über das Fell des Tieres, wie sie vielleicht selbst von jemandem liebkost werden möchte. Draußen gibt es Wind, der durchs offene Fenster Schuberts lose herumliegende Notenblätter ein wenig abhebt, als sollte umgeblättert werden, und dann ein kurzes Stückchen weiterschiebt. Josefa beobachtet eines der Blätter, das jeden Augenblick vom Tisch zu fallen droht.
Die Katze verläßt Josefa, weil sie gegen den Strich ihres Fells gefahren ist.
Schuberts Kaffee auf seinem Tisch muß noch frisch und warm sein, da sich leichte Wolken auf seiner Oberfläche kräuseln. Das von Josefa beobachtete Blatt fällt endlich herunter, es segelt ein Stück dahin. Josefa hat auf den Augenblick nur gewartet und hebt es auf. Sie legt das beschriebene Blatt neben Schubert auf den Tisch.

SCHUBERT
Kannst mich nicht in Ruh lassen? Warum gehst denn nicht raus, an einem so schönen Tag?

Josefa bleibt noch einen Augenblick stehen und verläßt dann Schuberts Zimmer. Sie ist barfuß. Schuberts Notenschrift ist heute wieder klar. Er schreibt zügig, und man merkt ihm an, daß er etwas Schönes erlebt. Er

nimmt sich die Zeit, den Kaffee langsam zu trinken.
Im Haus gegenüber stehen fast alle Fenster offen. Auf dem Dach dreht sich die Wetterfahne um ein kleines Stück, danach wieder in die andere Richtung.

O-TON
Das Geräusch der Wetterfahne.

Die Wohnungen des Hauses sind voll von Frauen und Kindern.

MUSIK
Einsatz des 2. Satzes der Großen Sinfonie in C-Dur (D 944)

Das Haus sieht aus wie ein auseinandergeschnittener Ameisenhaufen. Hinter jedem Fenster ist Bewegung. Menschen gehen in das Haus hinein, verlassen es, sitzen auf den Steinbänken und Sesseln auf der Gasse. Schubert sieht eine Frau, die ihr Kind kämmt, und eine andere, die für Mittag kocht. Ein älterer Mann läßt von seinem Fenster aus eine Brieftaube losflattern, der sich rasch Stadttauben, die bisher auf dem Dach gesessen sind, anschließen. Schubert merkt noch nicht, daß eine Frau, die etwa 25 Jahre alt ist, schon einige Zeit zu ihm herüberschaut.
Bei einem weiter entfernten Haus brechen Arbeiter in einem höheren Stockwerk einen Fensterstock aus der Mauer. Sie schlagen mit schweren Hämmern von drinnen gegen die Wand, und das Loch wird immer größer, sodaß man schon in das Zimmer hineinsehen kann. Es ist ein feudaler Salon.
Schubert hat aufs Komponieren vergessen, er sieht hier lebende Menschen vor sich.

Schubert wird auf die 25-jährige Frau aufmerksam, die vorhin zu ihm herübergeschaut hat, jetzt aber das Leben auf der Gasse beobachtet. Sie ist nicht so weit entfernt, daß Schubert ihr ausdrucksvolles Gesicht, das schwarze Haare umschließen, nicht sehen könnte.
Die Frau entdeckt jemanden auf der Straße, den sie zu kennen scheint. Sie winkt, wird aber nicht bemerkt. Die Frau verschwindet vom Fenster, und einen Augenblick lang, während sie ihr Zimmer verläßt, ihre Tür offenhält und einen Blick durchs ganze Haus hindurch erlaubt, kann Schubert ihre schmale Gestalt sehen. Sie taucht im Hauseingang auf und sucht den Bekannten, den sie von oben entdeckt hatte. Er ist schon am Haustor vorbeigegangen. Sie läuft ihm nach und hält ihn an. Er dreht sich um. Die beiden kennen einander nicht. Der Mann geht weiter. Schubert sieht zu, wie die enttäuschte 25-jährige, schmale Frau ins Haus zurückgeht.

MUSIK
Ende der Musik.

4. Bild: Schuberts Zimmer Innen / Nacht

VIVACE

Schubert wälzt sich schlaflos im Bett hin und her. Das Fenster des Zimmers ist halb offen, die Gasse ist still und leer.

Schubert strengt sich an, endlich Schlaf zu finden.

Schubert hört im Halbschlaf Schritte auf der Gasse, zuerst die eines einzelnen Menschen, dann die von anderen, die verschieden schnell gehen, dann wie auf Kommando im Gleichschritt, dazwischen einmal ein Pferd, dann eine berittene Kompanie.

Schubert dreht sich auf die andere Seite.

Für einen Augenblick ist es still auf der Gasse, als wären alle plötzlich stehengeblieben.

Langsam tauchen die Schritte aus der Stille wieder auf. Jetzt klingen sie in verschiedenen Tonhöhen mit einem klaren Rhythmus. Man wird an Motive der Großen C-Dur-Sinfonie erinnert.

Schubert schlägt die Augen auf.

Die Schritte bleiben.

Schubert steht auf, geht zum Fenster. Auf der Gasse ist kein einziger Mensch zu sehen.

Die Schritte, deren Abfolge an Motive aus der Großen C-Dur-Sinfonie erinnern, verlieren sich allmählich.

Schubert setzt sich an den Tisch, zündet die Kerze an, und beginnt zu arbeiten.

Von der Gasse werden wieder Menschen hörbar, die näher kommen und unterm Fenster von Schuberts Zimmer stehenbleiben.

Schubert schenkt den Schritten auf der Gasse keine Beachtung.

OFF / RUFE VON DER GASSE
Franz. Hörst uns?

4. Bild: Schuberts Zimmer *Innen / Nacht*

Schubert schaut von seiner Arbeit auf.

Wart nicht so lang, und komm schon runter.

Schubert richtet sich vorsichtig auf, um nach unten zu sehen. Es sind ein paar junge Männer, darunter Spaun, Schober und Bauernfeld.

SCHOBER
Das ist ja schon nicht mehr zu ertragen, wie du dich verkriechst.

Schubert weicht in den Schatten zurück.

Wir haben dich schon gsehn, also komm. Die Nacht ist eh nimmer lang.

EINE ANDERE STIMME / *OFF*
Oder hast gar eine Schönheit bei dir??!

OFF / VON DER GASSE
Lachen. In einem Nachbarhaus ärgert sich jemand über den Lärm.

Schubert setzt sich wieder. Von unten kann man ihn nicht sehen.

SCHOBER / *OFF*
Du kannst sie ja mitnehmen.

OFF / VON DER GASSE
Wieder wird gelacht.
Eine Flasche zersplittert.

Schubert bemerkt hinter dem Fenster ihm gegenüber eine Bewegung. Es ist die 25-jährige Frau, die von dem Lärm geweckt worden ist.

SCHOBER / *OFF*
Also, was ist.

Die Frau im Fenster gegenüber schaut zu Schubert herüber, den sie als Anlaß für das Geschrei auf der Gasse erkannt hat. Schubert sieht sie an, deren Gesicht vom hellen Nachthimmel einen schwachen Schimmer bekommt.

Vielleicht finden wir heut ein Madl für dich.

Schubert und die Frau sehen einander an, und es ist ihm peinlich, vor ihr bloßgestellt zu werden. Er löscht die Kerze, um sich nicht länger wie ein unverkäufliches Stück in einer Auslage vorzukommen. Die Freunde werfen kleine Steine gegen das Fenster.

OFF / VON UNTEN
Schuberts Freunde toben.

Die Frau gegenüber achtet nicht auf den Wirbel von der Gasse und zündet eine Kerze an, als wollte sie Schubert ihr eindrucksvolles Antlitz zeigen. Schubert betrachtet sie, die wie zufällig der Kerze ganz nah kommt, und jeden Augenblick Feuer fangen könnte.

OFF / VON DER GASSE
Schuberts Freunde ziehen weiter. Sie singen eines seiner Lieder:
LIED
Am Brunnen vor dem Tore
da steht ein Lindenbaum:
ich träumt in seinem Schatten
so manchen süßen Traum.

Schubert zieht sich in die Geborgenheit seines kleinen Zimmers aufs Bett zurück, von dem aus er noch immer die von der Kerze beleuchtete Frau sieht. Sie scheint zu spüren, daß sie nach wie vor von den begehrenden Augen eines Mannes betrachtet wird. Die Kamera zeigt Schuberts Gesicht groß. Und auch das der Frau. Obwohl sie voneinander entfernt

sind, sieht es aus, als würden sich die beiden an einem Tisch gegenübersitzen und in die Augen schauen.

LIED / OFF
Ich schnitt in seine Rinde
so manches liebe Wort;
es zog in Freud' und Leide
zu ihm mich immer fort.

Ich mußt' auch heute wandern
vorbei in tiefer Nacht,
da hab ich noch im Dunkel . . .
die Augen zugemacht.

5. Bild: Schuberts Zimmer **Innen / Morgen**

PRESTO

Schubert komponiert. Ab und zu sieht er zum Fenster gegenüber, aber die Frau zeigt sich nicht. Schubert ist übernächtig und unrasiert. Aus einer Flasche, die unterm Sessel steht, trinkt er Wein.
Das Wohnhaus Schuberts wirft einen großen Schatten auf das Haus gegenüber, in dem schon wieder reges Leben herrscht. Die Schattengrenze wandert langsam, aber sichtbar, nach unten. Bei dem entfernteren Haus, von dem man einen Fensterstock herausgebrochen und ein riesiges Loch in die Mauer geschlagen hatte, stehen Leute und verrenken sich die Hälse bei ihren Blicken nach oben. Ein riesiges Klavier wird mit Seilen über einen Flaschenzug hinaufgezogen.

Im Zimmer mit dem Loch wartet die Familie auf das Instrument. Ihre Kleidung paßt zur vornehmen Einrichtung des riesigen Salons, in dem bald das Klavier stehen wird, das jetzt noch an den Seilen hin- und herschwingt und sich dreht.
Josefa kommt in Schuberts Zimmer. Er scheint sie gar nicht zu bemerken. Josefa sieht das zerwühlte Bett und macht sich daran, es in Ordnung zu bringen. Sie verjagt die Katze, die sich unter die Tuchent verkrochen hat. Die Katze schlägt mit ihrer Pranke nach ihr und pfaucht sie an, bevor sie schlapp und mit schweißnassem Fell in eine Ecke kriecht.
Schubert hat sich, vom Gepfauche gestört, verärgert umgesehen. Er ist überreizt vom körperlichen Nachvollziehen der Rhythmik und von seiner Schlafloskigkeit.
Josefa entdeckt in der Bettmitte auf Schuberts Leintuch etwas und sieht zu ihm her. Dann zieht sie verschämt die Tuchent darüber, als wollte sie eine Sünde zudecken. Schubert legt seine Feder beiseite und geht mit der neuen Komposition ins Zimmer seines Bruders. Er setzt sich ans Klavier und beginnt zu spielen. Schubert singt sein neues Lied.

MUSIK
Lied „Der Doppelgänger"

SCHUBERT *(singt)*
Still ist die Nacht,
es ruhen die Gassen,
in diesem Hause
wohnte mein Schatz;
Sie hat schon längst

die Stadt verlassen,
doch steht noch das Haus
auf demselben Platz.

Josefa stiehlt sich währenddessen zu Schuberts Arbeitstisch.
Die Schattengrenze auf dem Haus gegenüber ist weiter nach unten gewandert, sodaß jetzt schon die Sonne in die Räume des 1. Stocks scheint. Auf den Fensterbrettern hängen Tuchenten.
Schuberts Tisch zeigt eine Menge Spuren von Tabakasche und Kaffee.
Josefa stöbert in seinen Sachen herum, entdeckt ein Fläschchen mit Medikamenten, ein mager beschriebenes Tagebuch und verbrauchte Federkiele, die zum Teil oben abgebissen sind. Auf dem Tisch liegt ein Gedichtbändchen, das auf den aufgeschlagenen Seiten den Text des Liedes zeigt. Josefa liest mit.

SCHUBERT / *OFF (singt)*
Da steht auch ein Mensch
und starrt in die Höhe,
und ringt die Hände
vor Schmerzensgewalt;
mir graust es,
wenn ich sein Antlitz sehe –
der Mond zeigt mir
meine eigene Gestalt.

Josefa blättert in dem Buch um und findet zwischen den nächsten Seiten ein paar beschriebene Notenblätter, auf deren Rückseiten Zeichnungen sind. Während Schubert singt, betrachtet Josefa die Zeichnungen, die immer wieder dieselbe Frau an einem Fenster zeigen. Sie ist schmal und sieht Josefa an.
Josefa sieht zum gegenüberliegenden

Haus, aber fast alle Fenster sehen dem gezeichneten ähnlich. Auf einer weiteren Zeichnung beugt sich die Frau mit ausgebreiteten Armen so weit aus dem Fenster, daß sie nach dem Gesetz der Schwerkraft längst abstürzen müßte. Die letzte Zeichnung zeigt die Frau nackt.

SCHUBERT / *OFF (singt)*
Du Doppelgänger,
du bleicher Geselle!
Was äffst du nach
mein Liebesleid –

Josefa wird von dem schmerzhaften Lied zutiefst ergriffen. Sie steckt die Zeichnungen zurück.

– das mich gequält
auf dieser Stelle
so manche Nacht
in alter Zeit?

Er kommt ins Zimmer und hastet an seinen Arbeitsplatz.
Josefa faßt ihn am Arm, um ihm ihre Begeisterung und ihr Mitfühlen zu zeigen.
Er macht sich los und schiebt sie beiseite, ohne sie auch nur anzusehen.
Schubert setzt sich und korrigiert die Komposition. Josefa setzt sich verletzt auf den Boden in der Nähe des Waschtischs.
Das Klavier ist inzwischen im entfernten Haus verschwunden. Die Handwerker setzten aber nicht mehr den Fensterstock ein, sondern mauerten das Loch zur Gänze zu.
Schubert sucht nach einem neuen Notenblatt. Aber alle sind schon beschrieben. Bei der Gelegenheit stößt er auch auf seine Zeichnungen von der Frau gegenüber. Er schaut zu

ihrem Fenster. Es ist geschlossen. Schubert nimmt ein unliniertes Blatt und zieht freihändig mit einem Bleistift die fünf Notenlinien. Hastig schreibt er den neuen Schluß des Liedes. Josefa will auf sich aufmerksam machen und schiebt das kleine Holzpferd hin und her. Es macht ein lautes Geräusch.
Schubert betrachtet den neuen Schluß und zerreißt ihn plötzlich. Er zieht auf einem blanken Blatt neue Linien, hat Mühe, sie gerade zustande zu bringen, und wird immer nervöser. Die nächsten Linien schafft er nicht mehr aus der freien Hand. Er nimmt von einem Eisendorn, der am Tischrand als Aufhänger dient, ein Holzlineal. Josefa drückt das Holzpferd kräftig auf, um das Rollgeräusch auf dem hohlen Boden noch dröhnender zu machen. Schubert versucht sich auf seine kleinen Noten zu konzentrieren. Er merkt im selben Augenblick, daß er, der schon unzählige Notenlinien ausgefüllt hat, eine Linie vergessen hat. Er setzt das Lineal an und zeichnet die fünfte dazu. Josefa gerät in Zorn, weil ihr Halbbruder in keiner Weise auf ihr Auf-sich-aufmerksam-machen reagiert. Schubert nimmt alle Kraft zusammen, um sich die letzten Takte der Komposition vorzustellen. Josefa beginnt das Lied, das sie vorhin von Schubert gehört hat, vor sich hinzusummen und dann wie ein Spottlied zu singen.

JOSEFA
In diesem Hause
wohnte mein Schatz.

Sie hat schon längst
die Stadt verlassen,
doch steht noch das Haus . . .

Schubert springt auf.
Josefa verstummt. Schubert geht auf sie zu. In der Hand hat er das Lineal. Josefa sieht mit angsterfüllten Augen sein von Wut, Haß und Zorn entstelltes Gesicht. Zum Schutz hält sie die Arme über den Kopf. Schubert schlägt mit dem Lineal auf ihre Hände. Josefa schießen Tränen in die Augen. Er schlägt nochmals zu. Josefa schreit nicht. Schubert läßt das Lineal sinken. Josefas Hände bluten von der harten Kante des Lineals. Schubert atmet wie ein Erstickender, sieht sich im Spiegel überm Waschtisch. Josefa nimmt die Arme herunter und starrt ihn an. Sie will ihre Tränen zurückhalten. Schubert stößt mit dem Fuß ihr Holzpferd weg, das mit dem Kopf gegen die Wand prallt und zurückgeschleudert wird. Josefa hört nicht auf, Schubert anzusehen. Er wird ruhiger. Josefa wischt mit dem Handrücken ihre Tränen aus den Augen und eine kleine Blutspur auf die Schläfe.
Schubert sieht es. Er beugt sich zu ihr hinunter, kann sie nicht erreichen, kniet nieder und nimmt ihre verletzte Hand. Josefa hat nicht aufgehört, ihn anzusehen. Schubert, als wollte er sie um Vergebung bitten, führt ihre Hand an sein Gesicht. Mit der Wange kühlt er ihren Schmerz. Seit er hier eingezogen ist, sieht er Josefa zum erstenmal wirklich.

ANDANTE

Der Arzt Rinna untersucht Schubert. Die Strahlen der Nachmittagssonne gelangen bis ans Bett.

OFF / VON DRAUSSEN
Holz wird gesägt.

Rinna geht zum Waschtisch und füllt die Schüssel randvoll mit Wasser.

RINNA
Steh er einmal auf.

Schubert klettert aus dem Bett. Rinna bringt Schubert die volle Waschschüssel.

Die Arm weit ausstrecken.

Schubert bekommt von Rinna die Waschschüssel, die er mit gestreckten Armen halten soll. Rinna schaut dabei auf seine Taschenuhr.
Anfangs schwankt das Wasser in der Schüssel, dann gelingt es Schubert, sie ruhig zu halten.

Ruhig. Ganz ruhig. Er soll aushalten, solang er kann.

Rinna beobachtet den Sekundenzeiger.

Sehr gut.

Rinna geht um Schubert herum.
Schubert muß sich immer mehr anstrengen, die Schüssel ruhig zu halten. Er verlagert sein Körpergewicht nach hinten, das Wasser beginnt zu schwanken.

Je länger er es aushält, umso gesünder ist er.

Schubert beißt die Zähne zusammen.

Sehr brav, wie er es macht.

Schuberts Arme beginnen zu zittern. Rinna beobachtet, wie Schubert der Schweiß aus den Poren tritt.

Das Wasser schwappt hin und her. Es sieht brakig, stumpf und dunkel aus. Rinna klappt die Taschenuhr zu und nimmt Schubert die Schüssel ab.

Bis auf eine Verkühlung ist er gesund. Und auch die ist in ein paar Tagen verschwunden.

Schubert läßt erschöpft die Arme sinken. Rinna stellt die Schüssel auf ihren Platz zurück.

Weniger Wein trinken soll er halt. Und nichts mehr rauchen.

Rinna kramt aus seiner Tasche ein Fläschchen, von dem er einige Tropfen in ein Glas gibt, das er mit dem Wasser aus der Schüssel gefüllt hatte. Er reicht die Medizin Schubert.

Alle drei Stunden dreizehn Tropfen. Auch in der Nacht.

Schubert trinkt.

Und im Bett hat er zu bleiben.

Rinna packt seine Sachen zusammen. Sein Blick fällt dabei auf die herumliegenden Kompositionen.

So kommt er wenigstens einmal zum Ausrasten.

Rinna verläßt das Zimmer. Schubert riecht an dem Medizinfläschchen. Er sucht in der über dem Sessel hängenden Hose nach seiner Taschenuhr und hängt sie übers Bett. Ihr dünnster Zeiger schreitet Schritt für Schritt voran, als hätte er ab jetzt ganz besondere Sekunden zu zählen.

PRESTO

Schubert fiebert. Ferdinand und dessen Frau helfen ihm aus dem schweißdurchtränkten Hemd und ziehen ihm ein neues über.

OFF / VON DRAUSSEN
Das Leben auf der Gasse.

Ferdinand schiebt seinem Bruder dicke Kopfpolster unter und deckt ihn gut zu. Ferdinand und dessen Frau verlassen das Zimnmer. Schubert wendet den Kopf, um das gegenüberliegende Haus zu sehen. Aber die 25-jährige Frau zeigt sich nicht an ihrem Fenster.
Ferdinand kommt wieder herein.
In dem Augenblick, in dem die Tür offen steht, sieht Schubert, wie Ferdinands Frau das eben ausgezogene Hemd im Ofen verbrennt.

FERDINAND
Schlaf jetzt.

Schubert scheint Ferdinand nicht gehört zu haben.

SCHUBERT
Warum verbrennts denn mein Hemd?

Ferdinand dreht sich kurz zur Tür um und wendet sich dann wieder seinem Bruder zu.

FERDINAND
Niemand verbrennt was. Fieber hast.

SCHUBERT
Wenn ichs doch gsehn hab.

Ferdinand sucht nach einer Ausrede.

FERDINAND
Eine Taubn ist in den Kamin gfallen und das arme Viecherl hat nimmer rauskönnen. Weißt doch, wie oft das

bei uns zhaus passiert ist, und da halt auch immer wieder. Sind ja so patschert, die Dinger.

Schubert nickt.

8. Bild: Schuberts Zimmer / Ferdinands Wohnzimmer Innen / Nacht

ALLEGRO

Lachner, ein Freund Schuberts, spielt in Ferdinands Wohnzimmer auf dessen Klavier.

Die Tür zu Schuberts Zimmer steht offen.
Schubert sitzt im Bett, um ihn herum seine Freunde Bauernfeld, Spaun, Josef Hüttenbrenner, Schober und andere. Man trinkt. Etwa ein halbes Dutzend Kerzen machen aus dem kleinen Raum, in dem jetzt kein Platz mehr ist, eine Grotte.

Hüttenbrenner kommt zu Josefa ins Wohnzimmer heraus.

HÜTTENBRENNER
Gibts noch Kerzen?

Josefa gibt ihm aus einer Schachtel noch zwei Kerzen.

Muß ja gfeiert werden, daß er übern Berg ist.

Hüttenbrenner ist nicht mehr ganz nüchtern. Er entzündet die Kerzen und stellt sie ins Fenster. Schubert ist aufgekratzt. Er blättert in seinen neuen Kompositionen.
Eine davon gibt er Bauernfeld.

SCHUBERT
Das soll er spielen. Wenn ihr mich schon nicht aufstehen laßts.

Bauernfeld bringt die Noten zu Lachner ans Klavier. Lachner überfliegt kurz die Noten und beginnt dann zu spielen.

MUSIK
Sonate in B-Dur (D 960)

Ferdinand und seine Frau sind nicht zuhause.
Lachner macht einen Fehler im Spiel und dann noch einen. Die nächsten Takte gelingen ihm wieder. Schober ist eingenartig still. Schubert trinkt aus einer Flasche, die er unterm Bett stehen hat. Josefa sitzt in einer Ecke des Wohnzimmers. Lachner macht wieder einen Fehler, er kommt mit der komplizierten Komposition nicht zurecht.

LACHNER
Wer soll denn sowas spielen!
Hast nichts Leichteres?

Schubert sucht in seinem Stapel nach einer anderen Komposition. Er findet eine.

SCHUBERT
Das spiel ich lieber selber.

Schubert steht auf. Es versucht ihn niemand zurückzuhalten. Schubert setzt sich ans Klavier. Er beginnt zu spielen und singt.

LIED („Der stürmische Morgen“)
Wie hat der Sturm zerrissen
Des Himmels graues Kleid!
Die Wolkenfetzen flattern
Umher im matten Streit.

Und rote Feuerflammen
Ziehn zwischen ihnen hin:

Das nenn' ich einen Morgen
So recht nach meinem Sinn.

Schon mit den ersten Takten hat sich schlagartig die Stimmung geändert.

Die Freunde finden sich von diesen Klängen unangenehm berührt, die Kerzen scheinen zu Grablichtern geworden zu sein.

Mein Herz sieht an dem Himmel
Gemalt sein eignes Bild –
Es ist nichts als der Winter,
Der Winter kalt und wild!

Der letzte Ton des Klaviers verklingt. Keiner wagt sich zu rühren. Man hört das Knistern der Wachskerzen. Hüttenbrenner applaudiert als einziger. Sein Klatschen erstickt.

SPAUN
So wirst es nie zu was bringen. Außerdem mußt Konzerte geben. Bist schon über dreißig, und hast erst eins ghabt. Schau dir den Paganini an, den Strauß. Die sind gschickt. Den Lanner, Rossini. Der Paganini kriegt für ein Konzert mehr, als du in drei Jahr.

Schubert tut, als hätte er nichts gehört. Er scheint mit dem Klavier völlig verwachsen zu sein, singt.

LIED („Die Krähe")
Eine Krähe war mit mir
Aus der Stadt gezogen,
Ist bis heute für und für
Um mein Haupt geflogen.

Schuberts Freunde können sich der schauerlichen Wirkung der Lieder nicht entziehen. Schuberts Taschenuhr überm Bett zählt die Sekunden.

Krähe, wunderliches Tier,
Willst mich nicht verlassen?

Meinst wohl bald als Beute hier
Meinen Leib zu fassen?

Keiner der Freunde kann übersehen, mit welch entrücktem Blick Schubert die anderen ansieht, als wäre einer von ihnen die Krähe. Schubert singt immer lauter.

Nun, es wird nicht weit mehr gehn
An dem Wanderstabe.
Krähe, laß mich endlich sehn
Treue bis zum Grabe!

Bei den letzten Takten ist Ferdinand hereingekommen, vollkommen überrascht von der Anwesenheit der Freunde und den brennenden Kerzen. Schubert spürt Ferdinand hinter sich.

SCHUBERT
Mein Bruder, mein Bruder,
mein Bruder, mein Bruder.

Schubert schlägt den Klavierdeckel zu. Die Freunde erschrecken.

Er verbrennt meine Kleider.

Schubert steht auf.

Er hat Angst, daß ich ihn oder seine Frau ansteck. Mit einer Verkühlung.

Ferdinand geht zu Schubert, will ihn führen.

FERDINAND
Komm ins Bett.

Schubert macht sich von Ferdinand los. Er beugt sich zu Josefa hinunter.

SCHUBERT
Mir ist nur wichtig, daß *du* keine Angst vor mir hast.

Schubert geht auf Spaun zu. Spaun versucht, sich nicht anmerken zu lassen, wie gern er ausweichen würde. Schubert legt seinen Arm freundschaftlich um ihn.

Dich Spaun, mag ich, weil du kommen bist, obwohls nicht ungefährlich ist. Oder hast das nicht gwußt?

Schubert läßt Spaun los. Wenn sie könnten, würden alle am liebsten schnell gehen. Man versucht so dezent wie möglich Schubert auszuweichen.

Weichts mir nur recht schön aus. Viel mehr trifft mich, daß es euch vor meiner Musik graust.

Ferdinand will Schubert wieder zum Bett führen.

(zu Ferdinand)
Laß mich.
Paß lieber auf, daß dich nicht ansteckst.

Schubert setzt sich auf sein Bett.

(zu den anderen)
Mein Schicksal ist nur, daß ich außer euch niemanden hab.

Ferdinand löscht nacheinander die Kerzen. Schubert hat die Aufregung sehr angestrengt. Er legt die beschriebenen Notenblätter zusammen und schaut in die Runde. Schober weicht seinem Blick aus.

Aber machts euch keine Hoffnung: ich werd nichts komponieren, nur damit ihr mich wieder gern habts.

Schubert hält die Notenblätter den Freunden hin.

Da habts.

Niemand will die Blätter nehmen.

Habts ja sonst auch alles mitgnommen. Jeder von euch hat mehr bei sich zhaus als ich.

Hüttenbrenner greift zaghaft nach dem Stapel.

Beißen schon nicht.
Hab euch ja nur schrecken wollen mit meiner Gefährlichkeit. Jeden Tag

8. Bild: Schuberts Zimmer / Ferdinands Wohnzimmer *Innen / Nacht*

gehts mir besser, das sehts ja. Und der Ferdinand soll meine Wäsch verbrennen, wenns ihm Spaß macht. Weiß doch ein jeder, daß er ein Hypochonder ist, und bei jedem Schnupfen stirbt. Als obs Sterben das Schlimmste wär. Und jetzt verschwinds!

Bis auf Schober verabschieden sich die Freunde schnell.
Hüttenbrenner will auch gehen. Ferdinand verstellt ihm in seinem Wohnzimmer den Weg.

FERDINAND
Gib her.

Hüttenbrenner umklammert die Noten.

Hergeben sollst.

Schubert kann von seinem Zimmer aus nicht sehen, wie sein Bruder die Kompositionen Hüttenbrenner abnimmt und in einem Schrank versteckt.
Ferdinand schließt die Tür zu seinem Zimmer. Die Freunde haben ein wüstes Durcheinander hinterlassen, die Rauchschwaden der Pfeifen und Zigarren stehen noch im Zimmer.
Die Katze sitzt auf dem Schoß Josefas. Schober streichelt das Tier und meint damit Josefa, die er ansieht wie jede Frau, die ihm begehrenswert erscheint. Schubert ist dieser Blick nicht entgangen. Er zündet sich eine Pfeife an.

SCHOBER
Es klingt halt ein bisserl fremd und nervös, was du in der letzten Zeit schreibst. Aber wir werden uns schon dran gwöhnen.

Schubert sieht Schober an.

Trotzdem halten alle fest zu dir. Jeder spürt, daß du einmal ein ganz Großer wirst. Hast jetzt schon soviele Sinfonien gschrieben, wie der selige Beethoven.

SCHUBERT
Ein Pech nur, daß meine bisher keiner aufgführt hat. Tät gern einmal eine hörn.

SCHOBER
Das ist eben Wien. Über jeden Dreck zerreißen sie sich die Pappn und dich schweigens tot.

SCHUBERT
Sei nicht so bös.

Schubert hat ein paar Rauchringe in die Richtung von Josefa geblasen. Zuerst hatte sie versucht die Ringe mit der Hand zu fangen, dann mit dem Mund. Jetzt atmet sie die sich auflösenden Gebilde ein. Schober merkt nichts von dem Spiel der beiden.

SCHOBER
Sag nicht, daß dir eh gut geht und daß du eh lustig bist.

SCHUBERT
Lustig bin ich nicht, da hast schon recht.
Dafür aber sehr glücklich, wenns auch nicht immer so ausschaut.
So glücklich, daß ich mein, ich verdiens überhaupt nicht, und es müßte gleich aus sein. Weil es weitergeht mit mir und meiner Musik. Und weil ich auf immer mehr draufkomm.
Traurig bin ich, weil ich nicht weiß,

was mir wirklich fehlt. Ich glaub, daß es alle wissen, nur ich nicht.

Schubert sieht seinen Freund an.

Ist es meine alte Pest?

Schober verneint. Er spürt, daß er ihn jetzt nicht anlügen darf.

SCHOBER
Nervenfieber.

Schubert scheint nicht besonders überrascht zu sein.

SCHUBERT
An Nervenfieber ist meine Frau Mutter gstorben.

Josefa verläßt das Zimmer.

SCHUBERT
Spielst für mich den Baum im Wind?

Schober versteht im ersten Augenblick nicht.

Das hat mir so gut gefallen.

Schober ist nicht in der Stimmung für eine Pantomime.

Machst mir eine große Freud damit.

Schober will nicht. Schubert läßt aber nicht locker.

SCHUBERT
Schämst dich vor mir?

Schober hebt seine schlanken Arme. Langsam beginnt er sich wie ein Baum im Wind zu bewegen, wie damals, als er vor einem Jahr noch die große Gesellschaft der Schubertianer als begeisterte Zuschauer hatte. Schubert ist von Schobers Kunst gefangen.
Schober hat alle Mühe, die Tränen beim Anblick des kleinen Mannes zurückzuhalten, den er mit seiner unvollkommenen Pantomime glücklich macht.

LARGO

Schubert steht im Schlafgewand am offenen Fenster. Im Zimmer der 25-jährigen Frau brennt Licht. Er macht eine Bewegung mit der Hand, die sie aber nicht bemerkt.
Schubert will das Fenster schon wieder schließen, um die Kälte des Novembers nicht hereinzulassen, als die 25-jährige Frau aufschaut und ihn sieht. Schubert kniet sich auf den Sessel, um größer zu erscheinen. Die Frau kommt ans Fenster. Schubert hat zu atmen aufgehört. Er hat vergessen, daß er im Schlafgewand ist. Sie trägt noch ihre Tageskleidung. Ihr Fenster trennt die beiden wie das Glas eines Aquariums. Sie ist so nah am Fenster, daß ihr Atem die Scheiben beschlägt. Ihre Hand fährt über das Glas und wischt es sauber. Schubert kann das Gesicht der 25-jährigen Frau ganz deutlich erkennen.
Was ihm durch die Entfernung vorenthalten wird, ergänzt seine Fantasie. Die Frau tritt ein Stück nach hinten, sodaß sie nicht mehr von der Mauer unterm Fenster zur Hälfte verdeckt wird, sondern zur Gänze zu sehen ist, und macht den Eindruck, als wollte sie ihn hinüberlocken. Die Frau löscht die Kerze in ihrem Zimmer. Das Licht der Nacht reicht, um Schubert zu zeigen, wie sie sich langsam entkleidet, es aber vermeidet, zu ihm herüberzuschauen. Die kalte Novemberluft hat sich schon überall in dem kleinen Zimmer Schuberts ausgebreitet. Sein Atem ist gegen die spärlich beleuchtete Gasse zu sehen.

ADAGIO

MUSIK
Streichquintett in C-Dur (D 956) 2. Satz.

Schubert sieht erholt aus und scheint auch kein Fieber mehr zu haben. Josefa ist bei ihm. Die beiden spielen mit einem Bindfaden und mit ihren Händen. Josefa hat eine unerschöpfliche Fantasie, immer wieder neue Figuren aus dem Faden zu bilden. Manchmal rutscht der zu einer Schleife zusammengebundene Faden von Schuberts kurzen Finger. Schubert wirft immer wieder einen Blick zum gegenüberliegenden Haus, um die 25-jährige Frau hinter ihrem Fenster zu sehen. Josefa ist so in das Spiel vertieft, daß ihr das nicht auffällt.
Die Katze steht unentschlossen da und legt sich dann nieder.
Josefa bildet eine Figur, durch die sie mit Schubert durch ein Dutzend Fäden verbunden ist. In diesem Augenblick bemerkt sie Schuberts von dem gegenüberliegenden Fenster in Anspruch genommene Aufmerksamkeit. Sie dreht sich um, und obwohl im Fenster drüben niemand zu sehen ist, weiß sie, nach wem ihr Halbbruder Ausschau hält. Sie beobachtet ihn mit wachsender Eifersucht. Schubert wird von dem Fenster gegenüber magisch angezogen. Er schaut wieder hinüber.

OFF
Die Katze stößt einen langgezogenen Schrei aus.

Schubert bemerkt, daß Josefa ihn beobachtet hat. Er weicht ihrem

Blick aus. Josefa probiert eine neue Figur. Die Fäden verstricken sich. Josefa will das Durcheinander entwirren, als sie auf die Katze aufmerksam wird. Sie läßt den Bindfaden los und geht zu der Katze, die auf dem Boden liegt.
Josefa hebt sie auf. Das Tier ist tot.
Im gleichen Augenblick glaubt Schubert eine Bewegung hinterm Fenster des gegenüberliegenden Hauses wahrzunehmen. Aber es ist nur die hinübergespiegelte Sonne von einem anderen Fenster, das geöffnet worden war.
Josefa nimmt die tote Katze am Balg und trägt sie hinaus.

Ende der Musik.

Schubert setzt sich an den Tisch und legt den verwickelten Bindfaden beiseite.

11. Bild: Wohnung Ferdinands / Stiegenhaus — Innen / Tag

VIVACE

Josefa geht durch Ferdinands menschenleere Wohnung, von der man erst jetzt sieht, wie ärmlich und wie klein sie ist. Den Gang davor bevölkern unzählige Kinder, die zwischen zum Trocknen aufgehängter Wäsche Verstecken spielen und nach der toten Katze greifen, die Josefa im Arm trägt. Sie drängt sich an ihnen vorbei und geht die Stiege hinunter.

OFF / VON DRAUSSEN
Auf einem Klavier wird ein Walzer gespielt.

Im engen Treppenhaus begegnet Josefa einer jungen Frau, die auf der Stiege stehengeblieben ist und aussieht, als wollte sie umkehren. Beim Näherkommen erkennt Josefa sie als die 25-jährige Frau vom Haus gegenüber. Die beiden Frauen sehen einander an. Die ältere bemerkt die tote Katze und lächelt Josefa verlegen zu. Dann zwängt sie sich an ihr vorbei und steigt die Stiege weiter hinauf. Josefa sieht ihr nach.

12. Bild: Schuberts Zimmer — Innen / Tag

LENTO

OFF / VON DRAUSSEN
Klavierspiel. Walzer.

Schubert nimmt die Blätter der „Winterreise", um an ihr zu arbeiten. Die vollkommen gegensätzliche Klaviermusik lenkt ihn ab, er will das Fenster schließen, als an die Tür geklopft wird. Schubert läßt den Fensterflügel los, verhält sich ganz still, setzt sich leise. Vor ihm wartet die Arbeit, bei der er nicht gestört werden will.

VOR DER TÜR
Es klopft nochmals. Aber es ist nicht das Klopfen eines Mannes.

Schubert meldet sich nicht.

OFF / VON DRAUSSEN
Das Klavierspiel ist durch den Wind manchmal lauter, dann wieder leiser.

Die Klinke wird heruntergedrückt, und die Tür langsam geöffnet. Das Gesicht der 25-jährigen Frau wird sichtbar. Schubert richtet sich auf. Auf dem Gesicht der Frau ist ein Lächeln und die Frage, ob sie eintreten dürfe. Sie betritt das kleine Zimmer.

13. Bild: Hinterm Haus — Aussen / Tag

LENTO

Hinterm Wohnhaus Ferdinands erstrecken sich Wiesen und dazwischen Äcker mit schwarzbrauner Erde.

OFF
Die Geräusche der Stadt.

Josefa drückt die tote Katze fest an sich. Die Ziegelmauer neben ihr ist ebenfalls noch unverputzt, an ihr kletterten aber schon die ersten Sträucher hoch.

Die verdorrten Blätter der Sträucher.

Josefa streckt beide Arme mit der Katze von sich und schließt die Augen. Dann läßt sie das tote Tier fallen.

OFF
Nach einigen Sekunden das hallige Aufschlagen des Tieres auf dem Wasser eines Brunnen.

Josefa öffnet die Augen. Der Blick in

den alten Brunnen zeigt ihr nur noch die Ringe des Wassers. Josefa sieht zum 2. Stock des Wohnhauses hinauf. Sie weiß, daß die 25-jährige Frau jetzt bei ihrem Halbbruder ist.

14. Bild: Schuberts Zimmer — Innen / Tag

LENTO

OFF / VON DRAUSSEN
Das Klavierspiel. Walzer.

Schubert benimmt sich linkisch, wie immer, wenn eine Frau in seiner Nähe ist. Wäre sie nicht wirklich und als lebender Mensch in seinem Zimmer, sondern nur eine Figur seiner Vorstellung, könnte er endlos mit ihr reden und auch alles mit ihr anstellen, wie er es auch schon mit ihrem Bild, das er von ihr im Kopf hat, hier in diesem Zimmer getan hat. Schubert schweigt, sieht zu ihrem Fenster hinüber, als wäre es ihm lieber, wenn sie wieder dort wäre. Die Frau, die Schuberts Unbeholfenheit merkt, hat ihre Unsicherheit verloren.

DIE FRAU
Eigentlich war ich nur neugierig darauf, was Sie sehen, wenn Sie zu mir rüberschaun.

Sie braucht nicht lange, um alles im kleinen Zimmer gesehen zu haben, was es an Einrichtung und von den Dingen gibt, die Schubert gehören. Sie geht zum Bett, nimmt das Buch von Cooper.

Ich kann sehn, wenn Sie im Bett lesen.

Sie dreht sich zu ihm um, läßt es nicht zu, ihrem Blick auszuweichen.

SCHUBERT
Vor lauter Arbeit komm ich aber fast nicht dazu.

Schuberts Stimme klingt verändert.

DIE FRAU
Sie sind ein Dichter. Ich seh Sie auch schreiben.

SCHUBERT
Kompositeur.

Die Frau geht an seinen Tisch, betastet seine Notenblätter.

DIE FRAU
Ich hab Musik auch so gern.

Sie wiegt ihren Körper zum Walzer, den in irgendeinem Haus irgendwer spielt.

Komponierens auch Musik zum Tanzen?

Schubert nickt.
Die Frau läßt Notenblätter durch die Finger gleiten, legt sie wieder auf den Tisch, nimmt ein Gedichtbändchen.

SCHUBERT
Kommens doch einmal mit, ich spiel oft Walzer, Deutsche, Ländler.

Die Frau blättert in dem Buch. Von Schubert unbemerkt entdeckt sie seine Zeichnungen, die sie an ihrem Fenster zeigen, herüberschauend, mit weitausgebreiteten Armen und nackt. Eine Zeitlang hat sie nicht geatmet, die Zeichnungen mit ihrem Körper vor Schubert verdeckt. Sie klappt das Buch zu, kann sich seiner jetzt ganz sicher sein, wendet sich ihm zu, legt das Buch auf den Tisch

und hört auf die Klaviermusik von draußen.

DIE FRAU
Tanzen mir.

Sie geht auf ihn zu, drückt sich an ihn, wie es seit einem Jahr überall beim Tanzen üblich ist, und nimmt seine Hand. Er will sie ihr entziehen, sie hält sie fest.

SCHUBERT
Ist doch kein Platz.

Sie wartet auf den nächsten Takt, um mit dem Walzer zu beginnen.
Sie dreht sich, er sich mit ihr.

DIE FRAU
Kommens.

Schubert ist unfähig, seinen Körper zum Rhythmus der Musik, den er unzähligemale selbst zu seinen Tänzen geschrieben hat, zu bewegen.

Komm. Willst mich ja.

Schubert stolpert fast, dreht sich dann doch so, wie sie es will, und kommt abermals aus dem Rhythmus. Sie merkt, daß er nicht tanzen kann, glaubt ihm sicher auch nicht mehr, daß er jemals Walzer komponiert hat, will ihn aber nicht loslassen, führt ihn in eine einfache Drehbewegung, wie sie selbst Kinder können.

MUSIK
In die Klaviermusik von draußen mischt sich Schuberts Streichquartett Nr. 15 in G-Dur (D 887).

Die Füße der beiden bewegen sich auf einer kleinen Stelle des Holzbodens, ihre Figuren sehen so steif aus, wie die aus Pappmaché in einer Praterbude, werden aber zusehends schneller, auch eleganter. Schubert stolpert nicht mehr, hat begriffen,

wie man die Füße bewegen muß, um sich mit einer Frau drehen zu können.

Nur noch das Streichquartett ist zu hören.

Die Frau versucht wieder den Walzer, er ahmt sie nach, stößt dabei den Sessel um und braucht den ganzen Platz im kleinen Zimmer.
Schubert sieht sich im Spiegel überm Waschtisch mit einer Frau tanzen, er, der noch nie getanzt hat. Er merkt nicht, wie sich seine Partnerin verzweifelt bemüht, ihm, der sie nun führt, nachzukommen.

Die Tür geht auf, und Josefa kommt herein. Sie wird vom Tanzpaar nicht bemerkt, sogar einmal angestoßen. Josefa kann nicht verstehen, wie er mit einer anderen tanzen kann.

Weiter Streichquartett in G-Dur.

Josefa geht zum Tisch und schließt das Fenster, sperrt die Klaviermusik hinaus. Die Frau und Schubert drehen sich noch ein paarmal, hören auf zu tanzen. Er muß sich an ihr festhalten, so schwindlig ist ihm.

Ende Streichquartett.

Der Frau ist anzusehen, daß ihr soviel Unmännlichkeit doch ein bißchen zuviel ist, da doch sie in seine Arme sinken müßte, und nicht umgekehrt. Sie hält ihn, läßt ihn aber auch schon los, wie sie merkt, daß er schon wieder ohne Hilfe stehen kann.

DIE FRAU
Schön wars.

Sie sieht Josefa an, die ihrem Blick standhält.

14. Bild: Schuberts Zimmer *Innen / Tag*

Jetzt muß ich aber wieder heim.
SCHUBERT
Aber tanzen gehn wir bald.

Die Frau geht zur Tür. Schubert begleitet sie diese zwei Schritte. Sie sieht das Gedichtbändchen, in dem sie seine Zeichnungen von sich weiß, und schaut ihm dann in die Augen.

Von mir aus schon morgen.

DIE FRAU *(ist wieder per „Sie")*
Sie brauchen mir ja nur zu winken. Ich seh Sie ja eh immer.

Sie verläßt das Zimmer.
Schubert hört noch auf ihre Schritte und sieht dann Josefa an.

15. Bild: Schuberts Zimmer — Innen / Abend

PRESTO

Schubert sitzt, in einen Mantel eingehüllt, an seinem Tisch beim Fenster und korrigiert den zweiten Teil der „Winterreise". Es ist noch nicht so dunkel, als daß er schon die Kerze anzünden müßte.
Der Mantel umgibt ihn wie ein Panzer. Ferdinand tritt ein und gibt ihm einen Brief.

FERDINAND
Schotts haben endlich geantwortet.

Schubert öffnet ihn.

Ferdinand schielt nach der Komposition, die vor Schubert liegt.

SCHUBERT *(liest)*
... Das Quintett werden wir bald verlegen; doch müssen wir bemerken, daß dieses kleine ...

Schubert sieht Ferdinand an, liest weiter.

... dieses kleine opus um das angesetzte Honorar zu teuer ist ...
... wir vermuten, es beruht auf einem Irrtum, daß wir dafür 60 Gulden bezahlen sollten ...
... Das Klavierwerk op. 101 wäre uns gewiß nicht zu teuer, allein die Unbrauchbarkeit für Frankreich war uns recht verdrüßlich. Wenn Sie gelegentlich etwas minder Schweres und doch Brillantes auch in einer leichteren Tonart komponieren ...

Schubert legt den Brief beiseite. Ferdinand nimmt ihn.

FERDINAND
... legen wir eine Anweisung von 30 Gulden bei ...

Schubert wendet sich wieder seiner „Winterreise“ zu.

SCHUBERT
Schicks ihm zurück, dieser ungeputzten Sau.

FERDINAND
Da, dreißig Gulden!

SCHUBERT
Ich hab aber sechzig verlangt. Wie halt immer spekulierens drauf, daß ichs gleich nehm.
Aber ich mach es nimmer. Sie wollen mir zeigen, für was fürn Dreck sie mich halten. Ums Geld gehts ihnen dabei nicht, weils dann ein paar Tausend damit verdienen.

FERDINAND
Und mir brauchen kein Geld?

SCHUBERT
Das sind keine Menschen mehr, Ferdinand.

FERDINAND
Du kannst leicht reden, mußt ja auch für dein ganzes Zeug nichts zahlen.

Schubert schreibt weiter an seiner Arbeit.

SCHUBERT
Werd dir alles zrückgeben.

FERDINAND
Fragt sich nur, wann. Allein wenn ich dir zuschau, wie lang du an der Gschicht schon herummurkst.

Schubert schaut Ferdinand an.

Neben deiner Musik hat nichts mehr Platz. Bist auch kein Mensch mehr, schaust nur noch drauf, wie du bekannt werden kannst, wahrscheinlich denkst nur noch an dein Ruhm nach dem Tod. Und tu nicht so, als tätst du jemand sein Geld zrückgeben. Wennst einmal eins hast, spendierst es nach links und rechts und spielst den großen Herrn. Merkst nicht, wie schnell deine Freund weg sind, wenns nichts zu holen gibt?

Ferdinand zeigt auf die „Winterreise“.

Wem willst denn das schenken. Mir sicher nicht. Wo sind denn deine ganzen Sinfonien? Soviel Kammermusik hast gschrieben, wenns wahr ist. Wo ist sie?

Schubert, der scheinbar unbewegt zugehört hat, wendet sich wieder seiner Arbeit zu. Ferdinand reißt ihm das Papier unter der Feder weg.

Das ist Papier, Franz. Begreifst denn das nicht? Willst denn nicht endlich leben wie ein Mensch?

Schubert sieht Ferdinand ruhig an.

Allein, was sich der Vater kränkt, daß du so ein Leben führst.

SCHUBERT
Du hast schon recht, Ferdinand.

Schubert greift nach den Noten, die Ferdinand hält.

Aber zuerst muß ich noch fertigschreiben, Wennst willst, kannst ja dann deinen Namen druntersetzen. Wär ja nicht das erste Mal. Denn um Geld werd ich dich auch wieder bitten müssen. Weil ich zum Sechter in den Unterricht gehen möcht. Der kann mir noch viel beibringen fürs Komponieren.

Ferdinand verläßt das Zimmer. Schubert verändert auf seinem Blatt ein paar Noten. Hinter dem gegenüberliegenden Fenster wird eine Kerze angezündet. Schubert sieht es noch nicht. Er nimmt das nächste Blatt, um auch hier seine Arbeit noch besser zu machen. Er summt die Melodie. Dann entdeckt er das Licht hinter dem Fenster. Schubert verstummt augenblicklich. Hinterm Fenster ist die 25-jährige Frau zu sehen. An der Wand des Zimmers der Frau taucht ein von der Kerze projizierter Schatten auf. Es ist der eines uniformierten Mannes, der eben seine Kappe ablegt. Die Frau verschwindet, und wird als Schatten wieder sichtbar, der sich mit dem des Soldaten vereinigt.

15. Bild: Schuberts Zimmer *Innen / Abend*

Schubert schaut wieder auf sein Notenblatt. Als wäre nichts geschehen, summt er das Lied weiter. Draußen beginnt es zu schneien. Die Flocken, die auf der Fensterscheibe hängenbleiben, schmelzen sofort. Vom gegenüberliegenden Fenster ist immer weniger zu sehen. Schubert hebt kein einziges Mal den Kopf, um hinüberzuschauen. Er hört sich ganz versunken seine Melodie singen. Er legt seine Hand langsam auf den Dorn an der Tischkante, an dem Schere und Lineal hängen. Ohne von der schmerzerfüllten Melodie des Liedes aus der „Winterreise“ zu lassen, drückt er die Handfläche gegen den Dorn. Der Dorn bohrt sich in das Fleisch. Die Wunde blutet nicht.

Schuberts Summen erstickt. Seine Hand drückt noch fester gegen den Tisch, bis sie die Tischplatte berührt.

Schubert will zum gegenüberliegenden Haus hinübersehen. Aber die matschigen Schneeflocken nehmen jeden Ausblick. Auch von draußen könnte niemand in das kleine Zimmer hereinschauen.

16. Bild: Gasse vorm Wohnhaus Ferdinands — Außen / Tag

LARGO

Obwohl Tag ist, läßt der verhangene Himmel nur wenig Licht durch. Auf der Gasse liegt der erste Schnee mit Spuren von Menschen und Fuhrwerken.

O-TON
Der Schnee schluckt die Geräusche.

SCHUBERT / *OFF*
Lieber Schober!
Ich habe schon 11 Tage nichts gegessen und nichts getrunken und wandle matt und schwankend von Sessel zu Bett und zurück.

17. Bild: Schuberts Zimmer Innen / Tag

ADAGIO

Schubert schreibt, im Bett liegend, einen Brief.
Josefa sitzt an seinem Tisch beim Fenster und liest in dem Bändchen von J. F. Cooper. Josefa ist fasziniert von den Illustrationen, die ihr eine ganz fremde Welt zeigen.

SCHUBERT / *OFF*
Sei also so gut, mir in dieser verzweiflungsvollen Lage durch Lektüre zu Hilfe zu kommen. Von Cooper habe ich gelesen: „Den letzten Mohikaner" den „Spion", den „Lootsen" und die „Ansiedler".

Schubert hat erschöpft sein Schreiben unterbrochen. Er beobachtet Josefa.
Schubert wird gefangengenommen von ihrer Anmut, ihrem Haar, von den Händen, die im Buch blättern.

Josefa wirkt nicht besonders sauber, ihr Kleid ist abgetragen, das Haar trägt sie offen in langen Strähnen, sie ist trotz der Kälte noch immer barfuß, und ihre Beine sind dunkel wie von Erde.
Josefa rutscht vom Sessel und kommt zu Schubert ans Bett heran. Sie kniet nieder und zeigt ihm eine Zeichnung in dem Buch. Schubert sieht ihren Hals und ihre feine Haut. Josefa sucht im Buch nach einer anderen Zeichnung, die sie ihm auch noch zeigen will. Plötzlich wendet sie sich Schubert zu, als hätte sie seinen Blick auf ihrem Körper gespürt. Er ist verlegen und erschrocken zugleich, als hätte er gegen die Natur gesündigt.

OFF / VON DER GASSE
Von der Gasse hört man einige Kinder beim Spiel im Schnee.

Auf dem Sessel neben dem Bett steht ein Teller, dessen Inhalt Schubert noch nicht angerührt hat. Sie spießt ein Stück davon auf eine Gabel, aber Schubert will nichts zu sich nehmen. Sie ißt das Stück selbst.
Schubert fröstelt im Fieber.
Josefa fühlt seine Stirn. Schuberts Haare stehen wirr durcheinander, seine Lippen haben tiefe Risse.
Josefa steht auf und öffnet die Tür zu Ferdinands Wohnung. Dort hängt Wäsche zum Trocknen. Sie legt Holz in den Ofen, um Schuberts Zimmer mitzuheizen, schürt das Feuer und öffnet die Luftklappe.

O-TON
Das Feuer wird lauter.

Josefa nimmt die Wasserschüssel vom Ofen und kommt zu Schubert

zurück. Mit dem Fuß schiebt sie ihr Spielzeugpferd beiseite und stellt die Schüssel mit dem warmen Wasser auf den Boden.
Schuberts Brief an Schober legt sie auf das Buch von Cooper.
Schubert zittert am ganzen Körper. Josefa zieht die Tuchent zurück und beginnt seinen Oberkörper abzuwaschen. Ihre Hände zeigen noch die Narben von den Schlägen mit dem Lineal. Durch die Wärme, die nun aus Ferdinands Wohnung in das kleine Zimmer strömt, und durch Schuberts Fieber laufen die Scheiben des Fensters an. Die Eisenplatte des Ofens, der die Luft röhrend in sich hineinsaugt, bekommt den matten Schimmer des Glühens.
Allmählich wird Schuberts Atem wieder flacher. Josefa deckt Schubert wieder zu und trägt die Schüssel in Ferdinands Wohnung. Sie verschwindet hinter den Wäschestücken. Schubert richtet sich auf, vielleicht weil er Angst hat, sie könnte nicht zurückkommen.

SCHUBERT
Josa?

Sie taucht wieder auf, öffnet die Tür wegen der Wärme noch weiter, und kommt an ihn heran. Hinter dem Rücken versteckt sie etwas. Es ist ein Kamm. Schubert muß lächeln. Josefa beugt sich zu ihm hinunter und versucht sein wirres Haar in Ordnung zu bringen.

Willst, daß ich ganz schön werd?

Josefa hält einen Augenblick inne und blickt zum Fenster des gegenüberliegenden Hauses. Schubert versteht die Geste.

Dich hab ich viel, viel lieber.

Sie fährt mit dem Kamm durch seine wiederspenstigen Haare. Im gleichen Augenblick zieht Schubert sie an sich und küßt sie auf die Stirn. Dann auf die Wange und auf den Mund. Josefa faßt ihn und drückt sich an ihn. Wie ein Ertrinkender umarmt Schubert das Mädchen. Die Tuchent sieht aus wie ein riesiges Gebirge mit zahllosen Tälern und Falten. Die Wände des kleinen Zimmers scheinen noch näher aneinanderzurücken, der Boden aus den breiten, frischgehobelten Brettern, deren Fugen Schienen ähnlich sind, neigt sich. Josefas Holzpferd beginnt auf der schiefen Ebene zu rollen, und überquert den Raum. Es prallt an die Wand unterm Fenster, steht für einen Augenblick still, und rollt wieder zurück, weil sich nun der Boden in die andere Richtung neigt. Im Zimmer Ferdinands, das von diesem Erdbeben der Gefühle nicht verschont wird, scheint die Wäsche schief an den Leinen zu hängen, und das Klavier rückt immer weiter von seinem Platz ab, kommt in Bewegung und schlägt mit voller Wucht gegen die Wand.

VOM KLAVIER
Ein gleichzeitiges Erklingen der Saiten füllt die Wohnung mit einem noch nie gehörtem Klang.

Schubert sieht von Josefa nur deren schwarze Haare, die ihn vollkommen bedecken.

OFF / VOM ANGRENZENDEN ZIMMER
Das Klavier ist wieder gegen eine Wand geprallt. Zum Klang der Saiten kommt der des Splitterns von Holz. Daraus entwickelt sich Schuberts Große C-Dur-Sinfonie, 2. Satz (D 944)

Schubert erlebt, wie immer mehr Haare Josefas auf ihn herunterfallen. Dann spürt er, wie sich die Bewegung umkehrt, und er ihr entgegenfliegt und in einen endlosen Tunnel hineingezogen wird. Der Flug in den Tunnel wird immer schneller, wodurch seine Wände keine Materie mehr haben, sondern nur noch Bewegung sind, es nur noch das Bedürfnis gibt, immer weiter zu kommen, immer schneller zu werden, den Wechsel der Farben in immer kürzeren Abständen zu erleben, und zu dem gleißend hellen Licht am Ende des Tunnels zu gelangen. Die Scheibe aus Licht kommt näher und wird durchschlagen. Das Licht zersplittert. Dahinter Dunkelheit.

Der 2. Satz der Sinfonie kulminiert mit dem Bild. Dann Stille.

Aus der Dunkelheit taucht, nur allmählich wahrnehmbar, ein hellerwerdender Fleck auf, der als Fenster erkennbar wird. Schuberts Zimmer kehrt langsam zurück.

OFF / VON DER GASSE
Die spielenden Kinder.

Im angrenzenden Wohnraum steht das Klavier, wo es immer gestanden ist, von der zum Trocknen aufgehängten Wäsche tropft es. Josefa liegt halb auf Schuberts Bett, ihr

Mund ist naß von seinem Kuß. Mehr ist von ihrem Gesicht nicht zu sehen, weil die schwarzen, strähnigen Haare es bedecken.
Schubert muß husten. Seine Hand drückt immer noch fest ihren Arm, sodaß er an dieser Stelle fast weiß wird.

OFF / VON FERDINANDS WOHNUNG
Schritte und Stimmen werden hörbar.

Josefa läßt sich vom Bett auf den Boden gleiten und sucht nach etwas.

Eine der unverständlichen Stimmen gehört Ferdinand.

Josefa findet den Kamm und wendet sich wieder Schubert zu, dessen Haare jetzt noch wilder aussehen.
Ferdinand kommt herein. Er sieht Josefa am Bett seines Bruders knien.

FERDINAND
Franz, da ist jemand für dich.

Josefa steht auf, ohne Schuberts Augen aus den ihren zu verlieren. In das Zimmer kommt ein gutgekleideter Herr. Josefa tritt von Schuberts Bett zurück und stößt gegen den Besucher, der sie mit höflicher Geste umfaßt, wenn er auch nicht ganz verbergen kann, wie sehr er sich vor diesem schmutzigen Ding ekelt.
Der Herr tritt an Schuberts Bett heran und verneigt sich tief.

DILLINGER
Konrad Dillinger. Verleger. Es ist mir eine außerordentliche Ehre, Sie besuchen zu dürfen, Verehrtester.

Schubert zieht die Tuchent höher, Josefa setzt sich wieder an den Tisch beim Fenster, und Ferdinand geht

hinaus, läßt aber die Tür einen Spalt weit offen.
Dillinger hat schon gemerkt, daß es hier keine Sitzgelegenheit für ihn gibt.

Wir haben von Ihrer schweren Krankheit vernommen. Ganz Wien sorgt sich um Sie, und alle hoffen auf Ihre baldige Genesung.
Sie werden sich vielleicht wundern, warum ein Verleger Sie persönlich aufsucht?

Als verrate er ein Geheimnis:

Die Gelegenheit für einen großangelegten Verkauf Ihrer unerreichten Werke war noch nie so günstig wie jetzt. Ihre Verehrer brennen darauf, Ihre neuesten Schöpfungen gedruckt zu sehen und nachzuspielen. Ich bin ehrlich genug, Ihnen zu sagen, daß es das Publikum natürlich inspiriert, wenn es weiß, daß der Schöpfer der Werke leidet, daß auch ihn das Schicksal nicht verschont, er genauso sterblich ist, wie jeder Mensch auf der Gasse. Ihr Name wird schlagartig überall bekannt werden, man wird uns die Exemplare aus der Hand reißen, ich werde neue drucken lassen müssen, das Publikum wird rasen, wird wissen wollen, wer Sie sind, man wird Geld sammeln für Ihre Genesung, oder, sollte das Unaussprechliche geschehen, was Gott im Himmel vermeiden möchte, dann wird man Ihnen ein Denkmal setzen, ein Monument bauen, das Ihrer unerreichten Größe würdig ist. Sie werden unsterblich sein.

Dillinger mußte Luft holen.

Natürlich wird man nicht jedes Lied

17. Bild: Schuberts Zimmer Innen / Tag

verwenden können. In erster Linie die über Liebe, und dann natürlich die über den Tod. Man wird sie zusammenfassen müssen und die richtigen Titel finden. Wieviel wird vom Publikum übersehen, nur weil es sich unter dem Titel nichts vorstellen kann, oder davon gar verschreckt wird. Und ohne Publikum können wir nicht leben, Sie nicht, ich nicht, wir müßten verhungern.

Dillingers Blick fällt auf Schuberts kaum angerührtes Essen auf dem Sessel neben dem Bett. Schubert nimmt den Teller und hält ihn Dillinger hin.

SCHUBERT
Soll er wenigstens zugreifen, wenn er schon die ganze Zeit stehen muß.

Dillinger hat schon vermieden, Schubert die Hand zu geben. Jetzt soll er vom unappetitlichen, angebissenen, kalten Zeug essen.

DILLINGER
Danke, danke, ich habe bereits gespeist. Ich bin voll für eine Woche.

Schubert hält ihm den Teller weiter hin.

SCHUBERT
Er muß ja nicht alles aufessen. Probieren soll er nur.

Dillinger kämpft mit seinem Ekel, versucht aber, ihn sich nicht anmerken zu lassen.

DILLINGER
Vielleicht sollten wir noch übers Geld reden. Ich bin dafür bekannt, gut und schnell zu bezahlen.
SCHUBERT
Will er, daß mir bei meiner Schwäch der Teller runterfallt.

Dillinger nimmt den Teller. Gerade, daß er nicht die Rockärmel über die Hände zieht, um ihn nicht mit bloßer Hand anfassen zu müssen.

DILLINGER
Einen Gulden für jedes Lied.

SCHUBERT
Will er mich kränken, weil er nicht ißt?

Dillinger schaut auf den Teller.

Kalt ist es noch besser als warm.

Dillinger nimmt ein Stück auf die Gabel.

Soll er zuerst einmal in Ruhe aufessen, dann kann er weiterreden. Ich wart solang. Könnt ja nicht einmal davonlaufen bei meinem Zustand.

Dillinger nimmt das Stück in den Mund. Er kaut daran.

Und?

Dillinger zeigt, wie hervorragend es schmecke.

Dillinger schluckt hinunter.

DILLINGER
Selbstverständlich kann ich zu dem Preis nicht jedes Lied nehmen. Ich müßte mir sie schon aussuchen können. Und natürlich können Sie Freiexemplare haben. Von mir aus zehn Stück von jedem Heft. Wenn man Sie einmal kennt, kann ich auch mehr zahlen, weil das Risiko geringer ist.

Obwohl Ferdinand nicht zu sehen ist, weiß Schubert, daß er zwischen den Wäschestücken von seinem Zimmer aus das Gespräch mitverfolgt.

SCHUBERT
Hat er mit meinem Bruder gsprochen?

17. Bild: Schuberts Zimmer *Innen / Tag*

DILLINGER
Kurz. Ihr Bruder macht nichts ohne Ihr wertes Einverständnis.

SCHUBERT
Das wärn dann so an die 500 Gulden.

DILLINGER
Nein, nein, pro Lied *ein* Gulden.

SCHUBERT
Mein ich ja. Soviel dürftens sein, die noch nicht gstochen sind. Vielleicht auch 600. Habs nie zählt. Alle anderen kann ich Ihm ja nicht mehr verkaufen. Die ghörn schon dem Haslinger und dem Diabelli.

Schubert schaut zu Dillinger, der nicht mehr ißt.

Ich glaub, es schmeckt ihm nicht.

Dillinger nimmt einen weiteren Bissen.

Ein Gulden für ein Lied ist wenig, sehr wenig. Aber 500 Gulden für ebensoviel Lieder, das ist viel. Sehr viel.

Schubert wird müder.

Aber sag er mir, was soll ich jetzt noch mit 500 Gulden?

DILLINGER
Wenn ein Scherz erlaubt ist, ich könnte auch weniger zahlen.

Schubert lächelt. Dillinger muß auch lachen.
Schubert, immer noch mit einem Lächeln, das Dillinger aber falsch deutet, dreht sich auf die Seite. Dillinger nützt den Augenblick, um schnell den Teller auf den Sessel zu stellen.

Schubert antwortet nicht.

Willigt er ein?

Ob er einwilligt?

Dillinger tritt vorsichtig ans Bett heran. Schubert fiebert wieder.

Er braucht mir ja nur zu sagen, wo ich die Musikalien find.

Schubert sieht ihn mit Augen voller Angst an.

Der Herr von Schober hat doch sicher welche?
Ihr Freund Spaun? Hüttenbrenner?
Fünfhundert? Das gibts doch gar nicht.

Dillinger merkt, daß ihm Schubert nicht antworten will, oder auch nicht kann. Er richtet sich auf. Josefa ist hinter ihn getreten und wischt nun mit einem Tuch Schuberts Stirn und Hals trocken. Dillinger dreht sich um. Noch bevor er an der Tür ist, wird sie von Ferdinand geöffnet. Dillinger verschwindet aus dem Zimmer. Hinter ihm schließt sich die Tür. Von Ferdinands Wohnung hört er die Stimmen der beiden.

OFF / VOM ANGRENZENDEN RAUM
Undeutlich die Stimmen Ferdinands und Dillingers. Nur ab und zu ist ein Wort zu verstehen. Das Gespräch zwischen den beiden ist anfangs lauter, wird leiser, klingt dann nach Flüstern. Einmal wird gelacht.

Schubert deutet Josefa, ruhig zu sein. Er richtet sich ein Stück auf und lauscht angestrengt. Er hört die Stimmen aus dem angrenzenden Zimmer.

MUSIK
Streichquartett in G-Dur (D 887)
Sehr lauter Einsatz.

Schubert richtet sich weiter auf, schiebt Josefa beiseite. Er stößt gegen den Sessel am Bett, der Teller zersplittert auf dem Boden, die Essensreste rollen auseinander.
Schubert schwankt zur Tür und reißt sie auf. Der leichte Luftzug bläht ihm die zum Trocknen aufgehängte Wäsche entgegen.

18. Bild: Ferdinands Wohnung / Gang Innen / Tag

PRESTISSIMO

Schubert versucht Ferdinand und Dillinger zu sehen. Die Wäsche versperrt ihm den Blick.
Er drückt sie zur Seite, aber dahinter ist eine weitere Reihe nasser Wäschestücke. Auf dem Boden haben sich kleine Lachen gebildet.
Schubert geht eine Reihe entlang. Hinter einem Leintuch sieht er gegen ein Fenster das Schattenbild der beiden Männer. Er schiebt Wäsche beiseite, um auf sie zuzugehen. Das nasse Leintuch klebt an ihm und läßt sich mitziehen. Schubert muß einen kleinen Umweg machen, geht den von zwei Bahnen aufgehängter Wäsche gebildeten Gang entlang, gelangt an dessen Ende, sieht seinen Weg von einer quergespannten und vollbehangenen Leine versperrt, schlüpft durch zwei Wäschestücke hindurch, sieht sich auf der anderen Seite auch von Wäsche eingeschlos-

sen. Schubert ist zu klein, um über die Leinen hinwegschauen zu können, und so vielleicht die beiden Männer zu entdecken. Er geht einen der Gänge aus Wäsche entlang, beginnt seinen Schritt zu beschleunigen, merkt, daß dieser Gang kein Ende nehmen will, beginnt zu laufen und gelangt in einen neuen, der noch länger aussieht. Dazwischen blitzt immer wieder ein Fenster auf, oder eine neue Wand nasser Wäsche. Schubert ist in einem Labyrinth aus Wäsche gefangen. Auf dem Gang des Stockwerks sieht er unter den aufgehängten und tropfenden Kleidungsstücken einen Hund, der das zu einer Pfütze gesammelte Wasser leckt, Beine von Kindern, die hier zu Dutzenden wohnen, Hühner, Alte, Frauen und schließlich Ferdinand, der ihn aufhalten will. Schubert schlägt auf ein Wäschestück, hinter dem er seinen Bruder vermutet, trifft aber nur ins Leere. Dann wird er von Ferdinand gefaßt. Schubert will sich losreißen, aber sein Bruder hält ihn fest. Ferdinand ist es sichtlich peinlich, daß Schubert das ganze Stockwerk in Aufregung versetzt. Er zieht ihn in die Wohnung. Schubert wehrt sich mit seiner ihm noch gebliebenen Kraft dagegen, wieder in sein Zimmer gebracht zu werden. Josefa hält die Tür auf, sie bekommt von Schubert, ohne daß er es merkt einen Schlag ins Gesicht. Er versucht sich am Türstock abzustützen, wird von Ferdinand losgerissen und ins Zimmer gedrängt. Schubert faßt noch ein auf der Leine hängendes Hemd, läßt

es nicht los, reißt die Leine aus ihrer Verankerung. Eine ganze Reihe von Wäsche fällt auf den Boden, und andere auf den heißen Ofen, wo sie sich sofort braun verfärbt.

Ende der Musik.

19. Bild: Schuberts Zimmer — Innen / Tag

LENTO

Schließlich gelingt es Ferdinand den schwächer werdenden Bruder in sein Bett zurückzubringen. Seine Hand umkrampft mit weißen Knöcheln noch immer das zerrissene Wäschestück. Ferdinand muß mit dem Stiel der Gabel seine Finger auseinanderbiegen, um ihm dieses Stück Stoff abzunehmen.
Ferdinand versucht ihn zu beruhigen, streicht über sein Haar, legt den Kopfpolster zurecht.

FERDINAND
Kannst ja nicht einfach weglaufen.

Schubert sieht seinen Bruder an.

Wo wolltest denn hin.

SCHUBERT
Dillinger.

FERDINAND
Rausgschmissen hab ich ihn. Hab euch zughört. Nichts hat er von mir kriegt.

Ferdinand deckt ihn mit der Tuchent zu.

Wollt dich auch um Verzeihung bitten, für das, was ich dir alles gsagt hab.

Schubert wird ruhiger.

Wir zwei haben uns doch immer gern ghabt.
Schlaf jetzt.

Schubert ist so erschöpft, daß ihm die Augen zufallen. Draußen ist es dunkel geworden.

20. Bild: Schuberts Zimmer — Innen / Tag

ANDANTE

Schubert steht in Hose und Hemd vor seinem Kleiderschrank und zieht ein Gilet an. Er sucht nach einem seiner Gehröcke, findet ihn aber nicht.

SCHUBERT
Ferdinand!

Sein Bruder Ferdinand kommt herein.

FERDINAND
Was machst denn?

SCHUBERT
Wo ist mein schwarzer Rock?

Ferdinand geht zu ihm, will ihm beim Ausziehen helfen. Schubert stößt ihn weg.

Wo hast mein schwarzen Rock?

Ferdinand ist verlegen.

FERDINAND
Leg dich wieder hin.

Schubert sucht nach seinen Schuhen unterm Kasten.

SCHUBERT
Ich bin nicht mehr krank.

Schubert findet die Schuhe.

Hast mein Rock schon weggräumt? Oder hast ihn schon verkauft?

Ferdinand verläßt das Zimmer. Schubert zieht schweratmend die Schuhe an.
Ferdinand kommt mit dem schwarzen Rock zurück. Er gibt ihn Schubert.

Oder habts ihn als mein Leichengwand ausgsucht ghabt?

Ferdinand antwortet darauf nicht.

FERDINAND
Du redst im Fieber. Leg dich wieder ins Bett.

Schubert zieht den Rock an.

SCHUBERT
So schnell stirbt sichs nicht. Muß vor allem zuerst einmal leben.

Schubert versucht vergeblich die Knöpfe des Rocks zuzumachen. Ferdinand, der merkt, daß Zureden im Augenblick nur das Gegenteil bewirkt, hilft ihm, knöpft den Rock zu.

FERDINAND
Soll ich die Josa holen?

Schubert sieht Ferdinand an.

SCHUBERT
Wieso?

Ferdinand weiß von der Zuneigung Schuberts zu Josefa, will es ihm aber doch nicht sagen.

FERDINAND
Mir folgst ja nicht.

Schubert spürt, daß Ferdinand mehr weiß, als er zugibt. Ferdinand ist das Mitleid mit seinem Bruder anzusehen. Er wendet sich ab, verläßt das

Zimmer und schließt die Tür. Schubert tritt an den Spiegel, überprüft, ob er auch ordentlich aussieht. Er kämmt seine Haare.

OFF / VOM ANGRENZENDEN ZIMMER
Undeutlich ist Josefa zu hören. Sie singt.

Schubert geht zur Tür. Er sieht sich nochmals um und drückt die Klinke. Die Tür ist abgeschlossen. Er probiert nochmals. Und wieder und wieder.

Josefa hört zu singen auf.

Er reißt an der Klinke.

SCHUBERT
Machts auf!

Er wartet, aber draußen rührt sich niemand. Er schlägt gegen die Tür. Die heftigen Bewegungen strengen ihn an.

Josa. Sperr mir auf.

Er lauscht.

Ich hör dich doch.

Draußen ist es still.
Schubert tritt gegen die Tür.
Sie wird nicht geöffnet.

Josa, bist du noch da?

Schubert horcht angestrengt.

21. Bild: Schuberts Zimmer — Innen / Abend

ANDANTE

Auf dem Tisch brennt eine Kerze. Abwechselnd steht ihre Flamme still, dann flackert sie wieder.

OFF
Schritte Schuberts. Er geht ein Stück, bleibt stehen und geht wieder zurück.

Schubert wandert zwischen Bett und Fenster wie ein in einem Käfig gehaltenes Tier hin und her. Kommt er beim Tisch an, flackert durch seine Bewegung das Kerzenlicht.
Er hat noch immer seine Ausgehkleidung an. Schubert kehrt zum Bett zurück, probiert im Vorbeigehen an der Tür, geht wieder zum Fenster.
Die Flamme flackert. Sie beleuchtet die Karte mit seinem Portrait. Schubert starrt zum gegenüberliegenden Haus. Die Menschen hinter ihren Fenstern sind nur zu erahnen, weil die Dämmerung die Konturen verwischt. In einigen Wohnungen brennen schon Kerzen. So auch in der der 25-jährigen Frau. Aber sosehr sich Schubert anstrengt, er kann nicht erkennen, ob sie zu ihm herübersieht, oder nicht. Es könnte auch sein, daß ein aufgehängtes Kleid ihm ihre Anwesenheit vorgaukelt. Und sind die Schemen hinter den anderen Fenstern überhaupt Menschen? Oder doch nur Wunschgebilde seiner Fieberfantasien?

MUSIK
Streichquartett Nr. 14 in d-moll (D 819) 2. Satz.

In anderen Wohnungen wird Licht angezündet. In einem weiter entfernten Haus bewegen sich hinter einer langen Reihe von Fenstern die Schatten einer Ballnacht. In Nischen und bei Rauchfängen suchen Stadttauben ihre Schlafplätze. Auf einem mit Glaswänden überdeckten Dachgar-

ten setzt sich eine Gesellschaft zu Tisch.
Schubert sieht sein von der Kerze beleuchtetes Gesicht als Spiegelbild in der Fensterscheibe.
Er wendet sich ab, geht zum Waschtisch, schöpft mit zusammengehaltenen Händen Wasser aus der Schüssel und läßt es über sein Gesicht rinnen.

O-TON
Neben der leisen Musik das laute Zurücktropfen des Wassers in die Schüssel.

Schubert faßt die Schüssel und hebt sie vorsichtig an, um die Oberfläche des Wassers nicht zu beunruhigen. Wie es ihm vor Tagen der Arzt Rinna geheißen hat, streckt er die Arme und versucht die Schüssel möglichst ruhig zu halten. Doch das Wasser tanzt hin und her, schlägt gegen den Rand.
Schubert nimmt alle ihm verbliebene Kraft zusammen, um das wildgewordene Wasser zu beruhigen. Aber es schwappt über, auf den Boden, auf seine Rockärmel, es brandet in der Schüssel wie an einer Meeresküste. Schuberts zitternde Arme können es nicht bändigen. Er verliert das Gleichgewicht und stürzt. Die Schüssel dreht sich auf dem Fußboden wie ein im nächsten Augenblick fallender Kreisel.

OFF
Die Tür wird aufgesperrt.

Ferdinand kommt herein, mit ihm seine Frau, der Arzt Rinna, ein unbekannter Mann und eine ältere Frau. Ihnen rinnt die Wasserlache entgegen, in der Schubert liegt, und in die

sie auf Zehenspitzen balancierend hineinsteigen, um ihm aufzuhelfen. Schubert aber wehrt ab und richtet sich allein auf. Er dreht sich um, geht zum Bett und zieht den nassen Gehrock aus. Die anderen sehen ihm zu, wie er ihn ordentlich über den Sessel hängt.

Ende der Musik.

22. Bild: Schuberts Zimmer — Innen / Nacht / Tag

ADAGIO

Schubert schläft unruhig. Er ist allein im Zimmer. Es ist dunkel.
Auf dem Waschtisch steht keine Schüssel mehr, auch kein Krug.
Schubert schreckt hoch, wacht auf, beruhigt sich. Vom Bett aus sieht er durchs Fenster den Sternenhimmel. Die Sterne leuchten so hell und klar, wie er sie noch nie gesehen hat. Er legt den Kopf wie ein Kind seitlich auf den Polster, um die Unendlichkeit des Kosmos zu betrachten.

MUSIK
Lied „Ihr Bild“
Ich stand in dunklen Träumen
und starrt ihr Bildnis an,
und das geliebte Antlitz
heimlich zu leben begann.
Um ihre Lippen zog sich
ein Lächeln wunderbar,
und wie von Wehmutstränen
erglänzt ihr Augenpaar.

Schubert verliert sich ganz in den

Sternenhimmel, in den er immer tiefer dringt.

Auch meine Tränen flossen
mir von den Wangen herab –
und ach! ich kann nicht glauben,
daß ich dich verloren hab.

OFF / VON DER GASSE
Stimmen und Lachen von Kindern. Ein Ausrufer.

Schubert lauscht nach den Kinderstimmen, die für die Zeit sehr ungewöhnlich sind. Unter der Tür zu Ferdinands Wohnung ist der helle Spalt zu sehen.
Schubert steht auf und geht halbnackt ans Fenster heran.

Kinderlachen wird lauter.

Er greift nach dem Sternenhimmel. Es ist schwarzer Stoff, dessen Löcher ihm Sterne vorgegaukelt haben.
Schubert reißt das Tuch herunter. Grelles Tageslicht trifft ihn. Eine Ratte huscht unter den Kleiderkasten.
Schubert ist von der Nachmittagssonne geblendet. Er tastet nach dem Fensterriegel und öffnet die Flügel. Kalte Luft strömt herein. Ein paar Leute vom gegenüberliegenden Haus schauen herüber.

O-TON
Schubert beginnt aus Leibeskräften zu schreien.

Die Tauben fliegen erschrocken auf. Immer mehr Leute kommen an die Fenster. Darunter ist auch die 25-jährige Frau.

23. Bild: Über den Dächern Wiens — Außen / Tag

PRESTO

Schubert ist von außen am Fenster seines Zimmers zu sehen.

O-TON
Schuberts Schreien.

Ferdinand stürzt mit seiner Frau ins Zimmer. Sie versuchen ihn vom Fenster wegzuzerren und verhüllen ihn mit dem schwarzen Tuch vor den Blicken der anderen.
Sein Schreien ist in der ganzen Gasse zu hören, in der ganzen Vorstadt, und, wie es scheint, überall in Wien.
Aus der Entferung ist schließlich sein Haus nicht größer als ein Steinchen in einem Mosaik.

Schuberts Schreien verstummt, als halte ihm jemand den Mund zu.
Die Geräusche der Vorstädte Wiens.

In der Stadt ist wieder Ruhe eingekehrt.

24. Bild: Schuberts Zimmer — Innen / Abend

LARGO

Schubert sitzt in seinem Bett. Er ist nicht mehr allein. Das kleine Zimmer ist voll von Leuten, Gesicht neben Gesicht. Ferdinand ist da, seine Frau, ihre Tochter, eine Pflegerin, Josefa, ein neuer Arzt, der Pfleger. Ihre Sessel hat man aus Ferdinands Wohnung geholt. Man läßt drei Kerzen brennen, obwohl es draußen noch nicht finster ist. Den Spiegel überm Waschtisch hat man weggenommen. Josefa gibt Schubert eine Tasse mit dunklem Tee.

FERDINAND
Wir haben einen neuen Arzt, Franz, und der sagt, daß du wieder gsund wirst.

Der neue Arzt verneigt sich vor Schubert.

Rauchen darfst auch wieder, hat er gsagt.

Schubert sieht Ferdinand an, dann die anderen Leute, die ihm alle zulächeln. Er hat Angst vor sovielen unbekannten Gesichtern und wendet sich der Teetasse zu. Er macht einen kleinen Schluck, setzt wieder ab. Seine Hände zittern.

O-TON
Das Klirren des Löffels in der Tasse.

Schubert fragt, ohne aufzuschauen.

SCHUBERT
Kommt der Herr Vater auch?

FERDINAND
Natürlich kommt er. Er hat halt viel in der Schul ztun.

Schubert betrachtet den aus der Tasse in kleinen Wolken aufsteigenden Dampf. Die Flamme einer Kerze spiegelt sich auf der dunklen Teeoberfläche. Seine Hände zittern, und der Lichtpunkt wandert auf dem Tee herum, wird schneller und schließlich zu einer flirrenden Leuchtspur.

MUSIK
Streichquintett C-Dur (D 956) 2. Satz (Adagio)

Schubert hat mit dem Feuerwerk in der Hand, und der Musik, die nur er hört, während die Herumsitzenden sich sorgenvoll ansehen, wieder eine schöne Welt gefunden, auch wenn sie nur noch in einem Winkel seines kleinen Zimmers existiert.

25. Bild: Über den Dächern Außen / Morgen

ADAGIO

Weiter Streichquintett in C-Dur, 2. Satz.

Aus der Dunkelheit tauchen die Rauchfänge auf. Die Tauben sind schon geschäftig unterwegs, flattern, wenn sie ihren Halt auf den Dächern verlieren und gehen manchmal aufeinander los.

VON DEN GASSEN
Die ersten Fuhrwerke.

Über Teilen der Stadt liegt Nebel. Die Fenster spiegeln das Morgenlicht, bleiben aber wegen der Kälte geschlossen. Auf der Wetterseite der Dächer beginnt der Rauhreif zu verschwinden. Der erste Schnee hat sich in den Gassen der Stadt nicht gehalten, nur ein sehr weit entfernter Berg trägt eine weiße Kuppe. Die Menschen tragen schon ihre warmen Gewänder und fast alle Männer Hüte. Heute ist der 19. November des Jahres 1828.

Ende der Musik.

ANDANTE

Bis auf den neuen Arzt sind noch alle im Zimmer, man hat Nachtwache gehalten. Die Leute sind übernächtig und die Kerzen niedergebrannt. Schubert liegt wach im Bett und versucht zwischen den wartenden Gesichtern durchs halboffene Fenster wenigstens ein kleines Stück vom Morgen zu sehen. Das Buch von Cooper liegt noch immer auf dem Sessel, auf dem Tisch beim Fenster stapelt sich beschriebenes Notenpapier.
Schubert schaut auf die Taschenuhr, die überm Bett hängt. Er muß lange hinsehen, um ablesen zu können, daß wieder drei volle Stunden vergangen sind. Mit großer Konzentration greift er nach dem Medizinfläschchen, neben dem schon viele andere stehen, auch Tiegel, und bekommt von der Pflegerin geduldige Hilfe, dreizehn Tropfen ins Wasserglas zu zählen.
Der Pfleger schaut auf seine eigene Taschenuhr, und Ferdinand steht auf. Beim Hinausgehen knarren die Bodenbretter, auf denen noch der Fleck von Schuberts Sturz mit der Wasserschüssel zu sehen ist. Ferdinand schließt leise die Tür hinter sich.
Schubert trinkt von seiner Medizin, muß lachen, verschluckt sich und verschüttet die Hälfte seines Glases ins Bett. Die Pflegerin nimmt es ihm weg und stellt es hart auf den Sessel.
Josefa war die einzige, die auch mitgelacht hat, obwohl sie genausowenig wie die anderen den Grund kennt.

Sie wird von Ferdinands Frau zurechtgezischt. Schubert hat auch nicht vor, zu verraten, was ihn amüsiert, aber man kann es sich denken, als er die wartenden Gesichter sieht und abermals lacht.
Schubert läßt sich in die hochgestellten Polster sinken und starrt auf das Bild mit dem Meer und dem Segelschiff.

SCHUBERT
Der Herr Vater wird schon kommen?

Man antwortet ihm nicht. Schubert beginnt zu singen. Zuerst mehr für sich, dann lauter.

SCHUBERT *(singt)*
Du schönes Fischermädchen,
treibe den Kahn ans Land;
komm zu mir
und setze dich nieder,
wir kosen Hand in Hand.

Schubert singt im Delirium, mitunter versagt ihm die Stimme. Ferdinand kommt mit einem Pfarrer ins Zimmer zurück. Schubert bemerkt die beiden nicht, singt weiter.

SCHUBERT
Leg an mein Herz
dein Köpfchen
und fürchte dich
nicht zu sehr,
vertraust du dich
doch sorglos
täglich dem wilden Meer.
Mein Herz gleicht
ganz dem Meere ...

SCHUBERT
Josa.

Schubert deutet Josefa, zu ihm zu kommen. Ferdinands Frau erlaubt

es. Josefa geht zu Schuberts Bett. Er nimmt sie sanft, zieht sie zu sich und flüstert ihr etwas ins Ohr. Die Anwesenden atmen kaum, um mithören zu können, was Schubert Josefa sagt, aber sie können nichts verstehen. Josefa nickt ihm zu.
Erst jetzt entdeckt Schubert den Pfarrer.

SCHUBERT
Was will denn der Hund da?

Der Pfarrer geht auf Schubert zu, streckt ihm die Hand entgegen. Schubert dreht sich zur Wand, zeigt ihm und allen anderen den Rücken. Der Pfarrer berührt ihn an der Schulter.

Ferdinand, wennst noch mein Bruder bist, dann schick ihn weg, ich bitte dich. Hab ihn nie braucht, brauch ihn jetzt nicht. Seine Tatzen soll er wegnehmen.

Ferdinand deutet dem Pfarrer, seinen Bruder zu lassen.

Was habts denn vor mit mir?

Schubert bleibt mit dem Gesicht zur Mauer gewandt, die durch den rohen Verputz und die Feuchtigkeit wie ein Fresko aussieht. Schubert sieht darin Wolken, Figuren und Gesichter.

Ferdinand, du warst mir immer der liebste. Nur sagen hab ich mirs nie traut, hörst mich? Und ich weiß auch, wie gern du mich hast.

Ferdinand kommt zu ihm ans Bett. Ohne Josefa anzusehen, nimmt Schubert ihre Hand, als sollte sie Zeugin sein.

Versprechen mußt mir auch, daß sie mich nicht so herrichten wie den Beethoven, dem sie zum Andenken die Haar abgschnitten haben, daß er

26. Bild: Schuberts Zimmer *Innen / Morgen*

dann ganz glatzerte Stellen ghabt hat. Oder daß mir den Kopf abschneiden, wie es dem Haydn passiert ist. Versprichst mir das?

Schubert sieht Ferdinand an. Seine Hand gräbt sich in die Josefas.

FERDINAND
Was du alles daherredst. So ein junger Mensch wie du übertaucht doch so eine Krankheit wie nichts. Sogar die Pfeifen schmeckt dir schon wieder. Und einen Wein trinken mir heut auch noch miteinander.

Schubert gelingt ein Lächeln.

SCHUBERT
Weiß eh, daß du recht hast. Ich spürs ja auch, wie es mir von Tag zu Tag besser geht. Aber wenn alle so herumsitzen, als tätens nur drauf warten, dann kommt man halt auf die dümmsten Gedanken.

FERDINAND
Hast grad so schön gsungen.

Schubert nickt.

Und den Pfaffen schicken mir auch heim.

Wie schon so oft, sieht Schubert auch jetzt auf seine Taschenuhr überm Bett. Er merkt, daß sie stehengeblieben ist. Nach der Uhr von Ferdinand stellt er die Zeit und zieht sie auf.

27. Bild: Über den Dächern **Außen / Tag**

ADAGIO

Die Sonne hat den Nebel aufgelöst. Ein Meer von Dächern liegt jetzt frei.

FERDINAND / *OFF*
(liest vor)
Lieber Sohn Ferdinand!
Die Tage der Betrübnis und des Schmerzes lasten schwer auf uns. Die gefahrvolle Krankheit unseres geliebten Franz wirkt peinlich auf unsere Gemüter. Nichts bleibt uns in diesen traurigen Tagen übrig, als beim lieben Gott Trost zu suchen ...

Auf den erwärmten Dächern und Rauchfängen verjagen die aus Rußland gekommenen Krähen die Stadttauben.

28. Bild: Ferdinands Wohnung **Innen / Tag**

ANDANTE

Ferdinand liest den eben angekommenen Brief des Vaters vor. Die Tür zu Schuberts Zimmer ist geschlossen. In der Wohnung Ferdinands warten eine Frau, die Pflegerin, der neue Arzt, Josefa und auch noch der Pfarrer.

OFF / AUS SCHUBERTS ZIMMER
Schubert singt im Delirium.

Wenn die Anwesenden nicht so neugierig auf den Brief wären, würden sie sich die Ohren zuhalten, um Schuberts Gesang nicht mitanhören zu müssen.

FERDINAND
... fasse Mut und inniges Vertrauen auf Gott, er wird dich stärken .. und dir durch seinen Segen eine frohe Zukunft gewähren. Sorge soviel als möglich, daß unser guter Franz unverzüglich mit den heiligen Sakramenten der Sterbenden versehen werde ... dein betrübter, aber von dem Vertrauen auf Gott gestärkter Vater ...

Ferdinand faltet den Brief zusammen.
Josefa öffnet die Tür zu Schuberts Zimmer.

OFF / AUS SCHUBERTS ZIMMER
Sein Singen wird lauter
(„Der Atlas")

29. Bild: Schuberts Zimmer **Innen / Tag**

ANDANTE

Der Pfleger sitzt bei Schubert. Er trocknet dem Delirierenden immer wieder die Stirn ab.
Schubert singt wirr durcheinander. Josefa tritt an sein Bett, kniet sich hin, um ihm näher zu sein. Er beachtet sie nicht, singt weiter. Schuberts Stimme ist heiser und klingt nicht mehr wie die seine.
Er wird auf Josefa aufmerksam, sieht sie an, aber sein Blick verrät, daß er nicht mehr weiß, wer sie ist. Sie beugt sich näher zu ihm, damit er sie besser sehen könne. Für einen Augenblick

schweigt er, starrt sie an. Josefa merkt, daß er sie nicht erkennt. Schubert singt weiter, wird lauter und noch lauter. Josefa steht auf.
Aus dem angrenzenden Zimmer kommt Ferdinand mit dem Pfarrer. Ferdinand schickt Josefa hinaus. Josefa will bleiben, aber auch der Pfarrer drängt sie zur Tür. Josefa verläßt das Zimmer

Schuberts Singen bricht plötzlich ab.

Der Pfarrer beugt sich über Schubert, um ihm die Letzte Ölung zu geben. Schubert wehrt sich, bäumt sich auf.

MUSIK
Schuberts Messe in Es-Dur, Sanctus. (D 950). Sehr laut.

Ferdinand hält seinen Bruder nieder. Der Pfarrer beginnt mit der Zeremonie.
Nacheinander kommen auch die anderen aus der Wohnung in das kleine Zimmer. Josefa benützt die Gelegenheit, wie ein wildes Tier hereinzudrängen. Ferdinands Frau schiebt sie wieder hinaus und schließt die Tür.
Schubert wehrt sich, dem Pfarrer fällt etwas zu Boden. Er will es aufheben, findet es nicht, sucht. Ferdinand deutet dem Pfarrer, sich zu beeilen. Schubert wird schwächer. Der Pfarrer findet unterm Bett, was er gesucht hat, und beugt sich wieder über Schubert.

30. Bild: Über den Dächern — Außen / Tag

PRESTO

MUSIK
Weiter Messe in Es-Dur. Sehr laut.

Im warmen Licht der Nachmittagssonne fliegt ein dichter Taubenschwarm auf und landet wieder.

31. Bild: Ferdinands Zimmer — Innen / Tag

PRESTISSIMO

MUSIK
Weiter Messe in Es-Dur. Sehr laut.

Josefa, die allein in Ferdinands Zimmer ist, öffnet die Tür zum Ofen, in dessen Abzugsrohr sich ein Vogel verfangen hat, damit er herausfliegen könne. Sie begreift noch immer nicht, daß ihr Halbbruder sie nicht mehr kennt, und sie nicht mehr zu ihm darf. Sie starrt auf die Tür zu seinem Zimmer, durch die sie so oft und gerne gegangen war, geht an sie heran und horcht. Der Vogel fällt in die Brennkammer, seine Flügel fangen sofort Feuer. Josefa läuft zum Ofen und will das wild herumflatternde Tier aus dem Kamin holen, aber es gelingt ihr mit den bloßen Händen nicht. Der Vogel schlägt mit den brennenden Flügeln um sich, dreht sich, kommt aber nicht von der Stelle. Die Flammen lodern auf und hüllen ihn in eine leuchtende Röte.

ADAGIO

MUSIK
Weiter aus der Messe in Es-Dur, aber sie wird ruhiger. Die Musik vermittelt das Gefühl der Gelassenheit und des Friedens.

Es ist ein Schweben durch die Röte wie im schwerelosen Raum.

ENDE DER TRILOGIE

Was die Wissenschaft weiß

Dr. Theophil Antonicek

Die Stellungnahme des Wissenschaftlers auf den Tatsachenbefund der historischen Quellen zu beschränken, womöglich mit einem „Hier irrte“ oder „Wahr ist vielmehr“ im Hinterhalt, wäre ebenso unangemessen wie kurzsichtig. Auch noch so vollständiges Erfassen der überlieferten Dokumente wird zwar einen unentbehrlichen Grundstock unumstößlicher Daten, aber aufs Ganze gesehen immer nur Aspekte, Ausschnitte, Punktuelles, ein Skelett erbringen. Der Deutung, Interpretation und Kombination bleibt ein weiter Spielraum, der allerdings für den Forscher weitaus mehr eingeschränkt ist als etwa für den Künstler. Diesem bleibt die Freiheit des einfühlenden Nachspürens im Bereich der Möglichkeit oder Wahrscheinlichkeit, zudem letztlich die Freiheit schöpferischer Neuformung auch unter Hintansetzung der dokumentierbaren Faktizität: eine Freiheit, die sich der Geschichtsprofessor Friedrich Schiller in seinen historischen Dramen ebenso genommen hat wie – um einen noch immer vieldiskutierten Fall der Gegenwart aus dem Bereich der Musik zu nennen – Peter Shaffer in seinem „Amadeus“ und Milos Forman in dessen Verfilmung.
Geht es aber im „Amadeus“ – so versteht ihn wenigstens der Verfasser dieser Zeilen – auch und in erster Linie um das Phänomen genialen Schöpfertums überhaupt und seine Konfrontation mit der aus allen Kräften bemühten, keinesfalls zu verachtenden, aber eben doch nicht „genialen“ Perfektion, und könnten in diesem Sinne durchaus auch andere Protagonisten auftreten, so steht im Film von Fritz Lehner die Person Franz Schuberts eindeutig im Mittelpunkt des Geschehens und des Interesses. Während aber Shaffer im Sinne seiner Zielsetzung die historischen Persönlichkeiten und Umstände – die ihm sichtlich wohlbekannt sind – gelegentlich auch verändert, ja sie – zweifellos in der Absicht, ihre Relativität zu zeigen – auf den Kopf stellt, ringt Lehners Film geradezu um die Erkenntnis Schuberts: um ihn, den Verleugneten, Verkannten, Verdrängten geht es.

Franz Schubert gehört zu jenen Persönlichkeiten der Musikgeschichte, die für den späteren Betrachter aus einer Art rätselhafter Undurchschaubarkeit nie heraustreten. Daran vermag epochemachende Quellenarbeit, wie wir sie gerade für Schubert Otto Erich Deutsch und anderen verdanken, ebensowenig zu ändern wie noch so intensive Analyse seiner Werke. Das Geheimnisvolle bleibt, lockend und verbergend zugleich. Eben dies mag die Entstehung jener spießbürgerlich verharmlosenden Schubert-Aura besonders gefördert haben, deren Wurzeln schon zu den Zeitgenossen des Komponisten zurückreichen. Haben doch auch von diesen die wenigsten von Schubert mehr gekannt als „gemütvolle Lieder“, allenfalls noch Tänze oder einzelnes andere. Aber Werke wie die Symphonien in C-Dur und h-moll, das Forellenquintett, die Es-Dur-Messe blieben unbekannt und Schubert hat selbst nie eine Aufführung von ihnen erlebt. Wir wissen nicht, wie Schubert selbst diesen Zustand empfunden hat, es scheint, daß er ihn im wesentlichen hinnahm und auch keine ersthaften Versuche anstellte, ihn zu ändern. Vielleicht war er vom jeweils aktuellen Schaffen zu sehr in Anspruch genommen und hatte den Blick auf Zukünftiges, neu zu Schaffendes gerichtet, wie einige Äußerungen und der Umstand vermuten lassen, daß er sich noch in seinen letzten Lebenstagen in die Kontrapunktlehre Simon Sechters begeben wollte.
Er dürfte sich auch mit so manchem anderen abgefunden haben. Die Lebenweise seiner Umgebung, in die er miteinbezogen war, mochte ihm gewiß nicht immer zusagen und gelegentlich entzog er sich ihr auch, so wenn er zu einer von ihm selbst ausgesprochenen Einladung nicht erschien und die Gäste seinem Zimmergenossen Schober überließ. Der Umgang mit den Freunden hatte seinerzeit wahrscheinlich die Lösung vom Vaterhaus ausgelöst und ermöglicht. Aber es fragt sich, ob Schubert nicht eine Abhängigkeit mit einer anderen, wenn auch gänzlich andersartigen, eingetauscht hatte, der er dann nicht mehr zu entfliehen

vermochte. Es scheint, daß er auch hier letztlich den eingetretenen Zustand akzeptiert hat. So wenig wir aber im Grunde über sein Denken und Empfinden wissen, so können wir doch mit einiger Sicherheit annehmen, daß dieses resignierende Sicheinfügen nur ein äußerliches gewesen ist, daß es Brüche gegeben hat, Zerwürfnisse, ja Abgründe. Zu sehr Entscheidendes, an die Existenz Gehendes hatte Schubert erlebt, als daß ihm die langen Abende im Gasthaus „Zur Stadt Eisenstadt“ mit noch so lieben Freunden oder ein bedenkenloses Bohemienleben eine dauernde Erfüllung bedeuten konnten: die wenn auch kurzzeitige Inhaftierung durch die Polizeibehörde, den Schock der venerischen Erkrankung (angesichts der damaligen medizinischen Gegebenheiten) und vielleicht noch anderes, von dem weder Um- noch Nachwelt je etwas erfuhren, das aber mit in jene Zeit der Krise Anfang der Zwanzigerjahre gehört, die den Menschen und Künstler tiefgreifend gewandelt hat.

Der Film Fritz Lehners ist bestrebt, in diese Risse hineinzuleuchten, die Unterwelt des „Schwammerl“ aufzubrechen, die Spuren des Unabänderlichen sichtbar werden zu lassen, das Schuberts letzte Lebensjahre überschattet zu haben scheint. Diesem Bestreben hätte ein Dokumentarfilm selbst dann nicht genügt, wenn hinreichend authentische Quellen zur Verfügung stünden. Es geht aber nicht um Dokumentation, sondern offensichtlich darum, mit den Mitteln der Filmkunst in der Darstellung Schuberts etwas von dem im Beschauer wachzurufen, was ihn aus dem Schaffen des Komponisten in jenen Jahren angreifen sollte. Gewiß hat Lehner sich der belegbaren Fakten versichert und sie auch miteinbezogen. Aber für die eigentliche Botschaft des Films sind sie kaum mehr als Anhalts- oder Ausgangspunkte, von denen aus die einfühlende Phantasie des Künstlers ihre Anstöße nimmt. Daß der Wissenschaftler gegen manches im Detail seine Bedenken und Einwände hat, sei nicht verschwiegen. So kann er nicht umhin, darauf aufmerksam zu machen, daß unser Wissen über Schuberts politische und religiöse Ansichten nicht hinreicht, um ihm eine grundsätzlich ablehnende Haltung gegenüber Staat und Kirche zu unterstellen; wir besitzen patriotische Kompositionen von Schubert und seine Gläubigkeit läßt sich aus Äußerungen und doch auch aus seinen geistlichen Kompositionen belegen. Ein gewisser Antiklerikalismus mag vorhanden gewesen sein; die oft als Beleg dafür berufenen Auslassungen des „et in unam sanctam, catholicam et apostolicam ecclesiam“ und anderer liturgischer Textstellen sind jedoch in ihrer Beweiskraft dadurch gemindert worden, daß gleiches als ein auch bei Zeitgenossen nicht selten anzutreffender Usus nachgewiesen wurde. Wie immer, eine brüske Ablehnung der Sterbesakramente dürfte so gut wie ausgeschlossen sein. Auch die Darstellung Franz v. Schobers als eine Art Verführer erscheint dem Historiker nicht umproblematisch, dürfte sie doch vom Urteil der Brüder Spaun beeinflußt sein, zwischen denen und Schober gewisse Spannungen bestanden, welche dadurch genährt wurden, daß Schober Joseph v. Spaun, dem er die Bekanntschaft Schuberts verdankte, später aus der Stellung des primus inter pares unter den Freunden verdrängte. Daß die Art des Einbringens des sozialen und des sexuellen Momentes Kriterien einer viel späteren Zeit zurückprojiziert, mag diskutabel erscheinen und sei daher nur am Rande vermerkt. Mit welcher Sensibilität auf der anderen Seite aber Schuberts innerer Persönlichkeit nachgespürt wird, zeigt etwa, wie immer es auch mit den Einzelheiten bestellt sei, die Szene im Vaterhaus. Denn die Lösung von Vater und Familie und das Zurücksuchen, Sehnsucht und Distanz spielen tatsächlich eine gewichtige Rolle für Schubert.

Auch das Verhängnisvolle von Krankheiten, das Ausgeliefertsein an sie, dürfte sowohl im ersten wie im dritten Teil des Films mit großer Einfühlungsgabe nachempfunden sein. In diesem Sinne wird der Historiker auch dem Film als Ganzes zubilligen müssen, daß er das ans innere Menschliche Rührende im Bild erahnen läßt, das noch so viele Dokumente nicht zu geben vermögen. Und bei so manchen, für das wir, vom Standpunkt des pedantischen Quellenforschers aus gesprochen, gerade nur soviel wissen, um die Tatsache vermuten zu können, verfolgt der Film Wege, von denen auch der Wissenschaftler konzedieren wird, sie schon selbst erwogen und als möglich bedacht zu haben. Und zurückkehrend zu den eingangs vorgebrachten Überlegungen muß es dem Künstler – und er wäre kein Künstler, wenn er es nicht mit allen Erfahrungen und Erlebnissen nicht nur der vergangenen, sondern auch seiner eigenen Zeit wäre – als sein gutes Recht zugestanden werden, sich über das Faktenwissen des Spezialisten zu erheben und in freier Intuition die Spuren des Gewesenen auch dort noch weiterzuverfolgen, wo der Wissenschaftler sich bescheiden muß, „das Unerforschliche ruhig zu verehren“.

Fritz Lehner – Ein Porträt

Gerald Szyszkowitz

An einem sonnigen Julivormittag im vergangenen Jahr gab ein besorgter Rechtsanwalt im Büro des Generalintendanten zu erkennen, daß der Produzent Wulf Flemming fürchte, der Regisseur unseres Schubert-Mehrteilers, Fritz Lehner, sprenge wegen des schon nach der ersten Drehwoche absehbaren exorbitant hohen Materialverbrauchs und wegen der täglich wachsenden Zahl von Überstunden unweigerlich die Firmenkasse, und man möge doch überlegen, ob in dieser Situation nicht ...

Was war denn jetzt schon wieder passiert, dachte ich, denn nach einer langen, sehr heftig durchdiskutierten Nacht hatten der Regisseur und der Produzent – zusammen mit dem Produktionsleiter und dem Redakteur – doch gerade erst gemeinsam und gemessen einträchtig mein Büro verlassen? Wir alle hatten doch eben noch ernsthaft geglaubt, endlich einen tragfähigen Kompromiß gefunden zu haben?

Gottlob stellte sich nach einigen vorsichtigen Fragen heraus, die hier eben noch sehr rechtsbewußt geäußerte Absicht, den Regisseur umbesetzen zu lassen, war eine Absicht von gestern – der nächtlich ausgehandelte Friedensschluß hatte sich offenbar noch nicht herumgesprochen – vor allem aber wirkte sich nun die Erkenntnis doch allseitig beruhigend aus, daß wir bisher nicht etwa zu wenig, sondern im Gegenteil, wesentlich mehr schon gedreht hätten, als im Drehplan ursprünglich festgelegt worden wäre ...

Solche Zwischenfälle kommen normalerweise nie vor, bei Fritz-Lehner-Produktionen aber liegen Radikalitäten immer in der Luft. Schon seine erste Arbeit, an die ich mich erinnere, seine Abschlußarbeit an der Filmakademie, war eine so erschreckend radikale Verdammung der österreichischen Filmkritik gewesen, daß man, sowohl vom Ergebnis wie erst recht von der totalen Verzweiflung des Autors darüber, spontan fasziniert sein mußte.

Ich schrieb ihm damals sofort, und schon nach einigen Gesprächen erklärte er sich auch prompt bereit, eine filmische Dokumentation für uns zu drehen. Den „Großen Horizont“ nach Gerhard Roth. Aber schon vor dem ersten Drehtag begannen die seither üblichen Schwierigkeiten. Trotz unseres sehr knappen Budgets von einer Million Schilling wollte Fritz Lehner den Film nämlich nicht nur unbedingt vollständig in Amerika drehen, wir hatten auch – wegen der relativ geringen Produktionssumme – an eine damals für den ORF noch neue, kleine Firma gedacht, und in deren Büro saß nun der Jungregisseur Fritz Lehner tagelang auf den gepackten Ausrüstungskisten und wartete auf die Reiseerlaubnis, die wir intern aber tatsächlich erst am letzten Tag vor dem Abflug bekommen konnten, weil weder die Firma, noch der Regisseur in unserem Haus damals genügend bekannt waren.

Heute wäre das zweifellos anders.

Trotz all der damals beginnenden, gemeinsamen Schwierigkeiten hat Fritz Lehner seither alle seine Filme ausschließlich im Auftrag des ORF gedreht, denn alle die Komplikationen haben uns ja nicht nur nicht entzweit, sondern nur noch enger zusammengebracht, denn sie sind ja von ihm oder von uns nie leichtfertig gewollt worden, sondern sie entstehen, weil er alles immer so absolut extrem macht.

Bei seinem ersten Bauernfilm, dem wunderbar zarten „Sprachgestört“, verstörte er zum Beispiel alle Filmroutiniers, weil er plötzlich nur noch mit Laien drehen wollte. Mit seinem Film „Freistadt“ verstörte er die Gemeinderäte seiner Heimatstadt, weil er gegen den Willen der örtlichen Fremdenverkehrsexperten radikal alle Autos von den Plätzen der Stadt entfernen ließ. Im „Jagdgast“ gab es Unstimmigkeiten mit dem Autor Wolfgruber, gegen die „Schönen Tage“ protestierten hunderte Bauern in Salzburg, und das „Dorf an der Grenze“ schließlich brachte ihm und uns nicht nur den offiziellen Protest aller politischen Parteien in Kärnten, sondern auch den absurden Vorwurf, wir ließen uns unsere Filme von den Jugoslawen bezahlen. Aber andererseits, je mehr internen Ärger wir durch ihn hatten, desto

mehr Anerkennung gewinnt er für uns im Ausland. Der ORF wurde sowohl für Fritz Lehners „Schöne Tage", als auch für sein „Dorf an der Grenze" beim Prix Italia mit dem ‚Premio Speciale' ausgezeichnet.
Nachdem wir einen dieser Preise gemeinsam im palladianischen Kloster San Giorgio Maggiore entgegengenommen hatten, saßen wir, erschöpft aber glücklich, im Schatten des Bartolomeo Colleoni auf der Piazza San Zenipolo – den die Fremden die Piazza Santi Giovanni e Paolo nennen – und teilten dem Geschäftsführer des ORF auf einer sehr romantisch-theatralischen Postkarte mit dem Bild einer Mondnacht über dem Canale Grande mit, nach diesem internationalen Erfolg hier sähen wir uns nun in der Lage, die Arbeit an der legendären Johann-Strauß-Serie zu beginnen.
Allerdings müsse der Fritz wissen, sagte ich, einige Herren würden möglicherweise – trotz unseres neuerlichen Erfolges – weder ihm noch mir eine international erfolgreiche Johann-Strauß-Serie zutrauen. Vorläufig. Damit müsse er rechnen. Was also dann?
Ich hätte trotzdem gerne einen großen österreichischen Musik-Film von ihm, sagte ich. Dann Mahler, sagte er. Oder Schubert, sagte ich.
„Gut", sagte er, „ich hör mir die ganze Musik an, die es gibt von ihm, und dann ruf ich dich an, ob ich das machen kann."
Das war genau vor vier Jahren. Vier Jahre hat Fritz Lehner seitdem an nichts anderes mehr gedacht als an seinen Schubert, und das Ergebnis ist, daß keiner, der diesen Film nun sieht, diesen lehnerschen Schubert jemals wieder vergessen können wird, die Szene zum Beispiel, im dritten Teil, in der Franz Schubert den Freunden seine letzten Kompositionen vorspielt ...

Im Morgenmantel und mit dem fahlen Gesicht der Krankheit sitzt Schubert zusammengekrümmt vor seinem Klavier und bemerkt, daß zum ersten Mal seine Freunde, also die ihm nächsten Menschen, der Radikalität seiner Musik nicht mehr folgen können ...
Wie sich nun der Schmerz des Einsamen mit dem Trost des von seiner Musik absolut Überzeugten mischt, und er sagt, sie sollten bloß eines nicht glauben, daß er noch jemals etwas komponieren werde, nur um ihnen zu gefallen, das ist unvergeßlich.

MIT MEINEN HEISSEN TRÄNEN

Buch und Regie: Fritz Lehner

DAS TEAM:

Architekt	Allan Starski
Ausstattung	Anna Prankl
Kostüme	Uli Fessler Reinhild Condin Irene Houf Margit Ogris-Thiel
Maske	Walter Cossu Gino Zamprioli
Frisuren	Brigitta Ansary Heiner Niehues Hedy Pollack
Außenrequisite	Christoph Kanter Peter Ecker Alena Urbankova
Innenrequisite	Haymon Maria Buttinger
Bühnenmeister	Fritz Hollergschwandtner
Licht	Helmut Ehringer Kurt Jancik Willi Fleischhacker Thomas Hollaus
Script	Burgi Mattuschka
Regie-Assistenz	Ulrike Neulinger
Standfotos	Gabriela Brandenstein
Ton	Reinhold Kaiser Peter Kellerhals
Geräuschemacher	Heiner Harss Mel Kutbay
Ton-Mischung	Herbert Giesser
Schnitt	Juno Sylva Englander Helga Wagner Sonja Glanz
Kamera	Gernot Roll
Kamera-Assistenz	Helmut Nocar
Aufnahmeleitung	Astrid Kühberger Wolfgang Rest Thomas Konrad
Produktionsleitung	Werner Reitmeier
Redaktion	Werner Swossil, ORF Fred Spirek, ZDF Lutz Kleinselbeck, SRG

Eine Gemeinschaftsproduktion von ORF – ZDF – SRG
in Zusammenarbeit mit:

Channel 4, London
Korean Broadcasting System, Seoul
South African B. C., Johannesburg
Yleis Radio, Helsinki
Sveriges Television, Stockholm
MTC, Budapest
RTV, Ljubljana
NOS, Hilversum
u. a. m.

hergestellt von teamfilm produktion